PARECE FILME, MAS É VIDA MESMO...
Camila Fremder

Ilustração
Isabela Frugiuele

Agradecimento:

Agradeço a toda minha família que participa desse livro do começo ao fim, vocês são as melhores personagens, parece filme, mas é vida mesmo...

Prefácio

Eu conheci a Camila, assim na vida real, daquele jeito que era considerado pelos antigos o único jeito de se conhecer uma pessoa, na noite de lançamento do meu primeiro livro, no fim de 2010. Mas antes, bem antes disso, eu já sabia que ela tinha passado férias na Itália com seus pais, que ela é meio hipocondríaca (me identifiquei!), que é filha única (me identifiquei de novo!) e que ela já teve um porteiro suicida e um vizinho tarado. Conhecia também seu eterno carma com taxistas pitorescos e estava por dentro até do problema que ela teve com um tal restaurante chinês cuja atendente não falava português. Em resumo, sabia mais da Camila do que sei, talvez, de algumas das minhas melhores e mais antigas amigas. Fato.

Antes que me julguem como stalker, já explico: sou leitora fiel e assídua de tudo o que ela escreve há alguns anos. Parece que foi ontem que uma amiga em comum citou num papo o blog de crônicas "Parece Filme, Mas é Vida Mesmo" – melhor título não existiria – e eu me viciei no seu humor criativo e na sua maneira única de achar as palavras certas para relatar as situações mais surreais do mundo, fazendo com que mesmo o ser humano mais sisudo do planeta se pegue rindo sozinho na frente da tela do computador.

Do blog, nossa amizade virtual evoluiu pra Twitter, Facebook, BBM, essas coisas que nós, seminerds, não vivemos mais sem. Mas, pra provar que ainda temos nosso lado old style, agora seremos também vizinhas de prateleiras nas melhores livrarias. Ao menos até que nossas publicações passem a ser vendidas apenas em versão iPad. Afinal, esse recente vício tecnológico é mais um na lista dos pontos nos quais me identifico muito com ela!

Ale Garattoni

índice

A vitrola	08
No computador	10
Esquilos	12
A motorista	14
Assalto depre	16
Homenagem para as ex	18
Dedo Podre	20
Dói mas é gostoso	22
Pano de Prato	24
Domingo	26
Crise	28
Manual do elevador	30
Verdades do Elevador	32
Você tem convite	34
Seu Rubens	36
O rei, o médico e o guaraná	36
Modernidade irritante	38
O vizinho tarado	40
No time dos meninos	42
Quando o corpo tira um sarro	44
Férias forçadas	46
No cabeleireiro	48
Pernilongo	50
Realizando	52
No dentista	54
Os trinta	56
Diálogo do dia – mãe	58
A gente quer roupa	59
Só um corretivo	60
O fantasma Brother	62
Alguns Tweets	65

A vitrola

Meu namorado encontrou a relíquia no sótão da casa da mãe dele, que, aliás, é repleto de relíquias. Sempre ficamos encantados com o design das coisas mais antigas. Com a vitrola não foi diferente: "Mãe, vou levar a vitrola! Será que funciona?". Nós a trouxemos no carro com o maior cuidado do mundo. Em casa, tentamos ligá-la. E nada de a vitrola funcionar. Mudamos de tomada, mexe um fio, mexe em outro, e nada.

No dia seguinte, lá fomos nós dois a pé, até uma casinha que fica a umas três quadras de casa. A placa dizia: "Consertamos TV's, DVD's, ou qualquer aparelho eletrônico, inclusive vitrola". Era ali. A gente queria a vitrola pronta, logo, mas como era fim de ano: "Só pro ano que vem". E, mesmo que seja dezembro, ouvir que alguma coisa só vai acontecer no ano que vem. Dá um desânimo...

Chegou janeiro. Passou uma semana. Passaram duas... "Ah! A vitrola!" – e lá fomos nós buscá-la. No caminho de volta o papo era qual LP comprar. Mas, do nada: "Crec!". A alça por onde se carrega a vitrola, que, no caso, faz parte da vitrola, soltou: "Nossa, o que é essa rachadura aqui?". Voltamos no mesmo momento pra lojinha, e já com certa raiva: "Olha, ela não tava assim, eu não vou pagar de novo. Como é que faz pra arrumar isso? Como? Só daqui a três semanas?".

E veio fevereiro, passou o carnaval, março foi que foi... "Ah! A vitrola!". Lá fui eu, dessa vez sozinha, atrás da tal vitrola... "Oi, eu sou a Camila, lembra? Da vitrola!". O conserto não ficou assim muito bom, ainda dava pra ver que estava rachada, mas, ansiosa, voltei pra casa com a vitrola: "Eu tenho certeza de que essa tomada funciona! Deixa eu tentar, tenta assim, ó!". Adivinha? Nada de a vitrola funcionar: "Eu não volto à loja!", "Mas onde tem outra?", "Vai você desta vez", "Mas é perto do seu trabalho".

Lá fui eu até a loja, não porque ela fica perto do meu trabalho, mas tava me angustiando ver aquela vitrola ali quebrada, e essa é a típica tarefa chata que qualquer homem enrola pra fazer: "Oi, lembra-se de mim? A Camila, da vitrola". Ficaram de arrumá-la numa semana. A gente já estava em abril, e digamos que a vitrola tenha passado de abril a junho por lá. Numa tarde de julho eu liguei: "A vitrola tá pronta?", "Tivemos de encomendar uma peça. Chega na outra semana; liga daqui umas três... Pode ser?".

Semana passada: "Oi, eu sou a Camila, lembra? Da vitrola.". Finalmente estava pronta. Fui correndo buscá-la. Em casa: "Sandra! Vem ver que linda!". A Sandra trabalha aqui em casa. "Não, Sandra, não é problema da tomada, vai aperta ali! Nada? Ai p&*%#@!". Liguei pra loja já no nível oito do quesito barraqueira. Comecei com "Olha aqui!" e foi daí pra pior: "Acho que a senhora não está sabendo ligar a vitrola!", "É claro que eu sei ligar, a vitrola é MINHA!". E prometeu mandar um técnico aqui na minha casa para ver o problema.

Ontem: "Alô, dona Camila? É a Márcia da vitrola. Só pra confirmar que o técnico vai hoje aí." Sabe quando você tem aquela sensação de que se você estiver errada vai ser muito vexame? Lá fui eu mexer na vitrola. Adivinha? Funcionou. Resumindo, tinha de puxar uma parada para trás e depois pra frente, e ela foi, direitinho. Liguei lá correndo, mas o que falar? A mulher tinha certeza de que eu tava errada, mas eu sou babaca, assim como muita gente.

"Alô Márcia? É a Camila, da vitrola, tudo bem? Viu, não precisa mandar ninguém aqui hoje. Deixa que eu passe aí no meio da semana." A Márcia insistiu: "Mas o rapaz já saiu daqui!". Eu segui na maior cara de pau: "Olha Márcia, eu tô sozinha, com criança pequena, não quero resolver isso agora", "Mas como eu vou avisá-lo? Ele já deve estar chegando!". Continuei sem dó: "Olha, tenta o celular, senão também ele volta, afinal, são três quadras, eu tô sozinha, e tô (agora entra parte mais sem noção) amamentando!".

Pra quem não me conhece, eu não tenho filhos, e mal tenho peito. Mas a Márcia não se deu por vencida. Soltou: "A vitrola ligou, né?".

Desliguei.

No Computador

- Clica duas vezes, mãe. Duas vezes!!
- Eu cliquei, Camila, este negócio é que não funciona comigo!
- Clica mais rápido, mãe, desse jeito você clicou duas vezes uma vez. Entende?!
- Clica você então...
- Qual o email dele?
- É www, ponto, Roberto.
- Mãe, este é o site!
- Então!
- O site não é o email, email não tem www!!

Quem nunca se irritou ajudando alguém mexer no computador? E eu sei que é uma coisa desgastante para ambas as partes. A minha mãe, por exemplo, fica supernervosa, eu sinto que ela precisa mostrar um bom desempenho, mas o nervosismo fala mais alto e ela se atrapalha toda, tadinha...

Uma das coisas que mais me tira do sério é ver a setinha do mouse que nem doida se mexendo pela tela. E quando tem de clicar num ícone, e ela vem aproximando a setinha bem devagar e posiciona exatamente no centro do ícone? Parece que, se clicar no canto, não vai funcionar.

Eu não sei a mãe de vocês, mas a minha tem mais medo de pegar um vírus no computador do que pegar gripe suína. Qualquer site em que eu entre, email que eu abra, tudo ela pergunta: "Não vai ter vírus aí?". E eu respiro fundo e digo: "Não, mãe, eu estou no twitter...". Mas sempre tem um caso de alguma amiga: "A Telma, minha amiga, pegou um vírus que mandou email pra toda lista dela, um perigo!". Eu só consigo pensar na filha da Telma...

Tem também o email seguido de telefonema, que é o meu preferido. Explico. Você recebe o email da sua mãe tipo: "Gatinha, hoje a mamãe tem oculista às 18h, vou desligar o celular, não fique preocupada!". Mas antes mesmo de você terminar de ler, o celular toca: "Oi filha, é a mamãe, só pra avisar que eu mandei um email!", "Eu sei mãe, eu tô lendo ele aqui, bom oculista". Parece que ela não confia totalmente na coisa.

Mas nada pode ser mais difícil e delicado do que o auxílio pelo telefone. Você tem de imaginar o que ela está te descrevendo, e ouvir com toda paciência do mundo as mensagens de erro do computador, e quando você fala "Aperta confirmar, mãe", ela responde "Você tem certeza? Não quero perder meus emails!".

Resolvi escrever sobre isso porque acabo de receber uma ligação: "Oi filha, a sua tia mandou um email, mas só veio a imagem, não está saindo o som. Depois do jantar, você me ajuda?". Me desejem boa sorte.

Esquilos

Venho de uma família bastante exótica, talvez isso explique muita coisa, talvez não.

Quando eu completei cinco anos, meu pai perguntou o que eu queria de presente. Como toda filha única, eu pedi uma coisa complicada: um gira-gira. A sala de jantar foi dispensada no ato, e um lindo gira-gira azul tomou o seu lugar. Toda noite nós jantávamos girando, e isso fazia todo o sentido do mundo.

Só sei que alguns anos depois, quando o gira-gira azul nem existia mais, papai se queixou de um tédio sem fim, e prometeu voltar com novidades ao lar dos Fremders.

Eu achei legal, mas permaneci deitada no sofá vendo Chaves, como fazia todas as manhãs, antes da escola. Mamãe farejou encrenca, mas continuou ao meu lado, vendo Chaves, como fazia todas as manhãs antes da aula de ginástica.

Foi então que, por volta das 19 h, papi retornou ao lar, segurando uma gaiola contendo os dois novos moradores – esquilos. Sim, esquilos, com rabo peludo e tudo mais. Uma criança exótica no auge dos seus 12 anos só poderia fazer parte do Greenpeace: num ato heroico, eu libertei as duas pobres criaturas bem no meio da sala. Antes mesmo de terminar o meu discurso sobre a fauna e a flora, eles se tornaram muito agressivos.

Após atacarem papai, no tornozelo, os trombadinhas resolveram dominar o corredor. Mamãe gritava muito, Zefinha gritava muito, o cachorro latia muito, e eu ajudava o meu pai a estancar o sangue, ao mesmo tempo em que aprendia dezenas de palavrões novos.

A culpa era minha, eu sabia disso, e alguma coisa precisava ser feita. Por algum motivo até hoje desconhecido, eu saí correndo corredor afora, saltei os dois barraqueiros, e subi na minha cama que era bastante alta, mas não o bastante para um esquilo.

Um deles escalou-a pelo edredom e veio de encontro ao meu dedo. Foi puro reflexo, eu juro, mas bati com muita força esse dedo contra a cabeceira da cama, o que provocou a morte instantânea do animal. Agora eram dois que sangravam, e um corpo estendido no chão do meu quarto. Mas ainda restava um esquilo em descontrole.

Munida de uma caixa de sapatos e um ódio maternal, minha mãe, também conhecida por Meggy, capturou o peludo restante, e o soltou em plena Avenida Morumbi.

Resumo geral do episódio: 20 minutos da mais pura adrenalina, sete vacinas contra raiva, eu não faço mais parte do Greenpeace, não moramos mais no Morumbi, e continuamos assistindo Chaves sempre que dá. Talvez isso explique muita coisa, talvez não, mas eu venho de uma família exótica, acho que eu já disse isso, não?

a motorista

Nunca na minha vida eu vi o meu pai dirigir. Minha mãe contou que ele sempre foi assim. Quando ela ficou grávida de mim, exigiu que ele tirasse uma carteira de habilitação, caso acontecesse alguma coisa. Ele fez a vontade dela e tirou. Minha mãe começou a sentir contrações pela manhã; ela foi guiando, ele ficou nervoso demais.

Por isso, eu nunca liguei pra carros, nunca soube os nomes, modelos, algum preferido, ou tive pressa pra dirigir, e sou assim até hoje, sempre pegando carona, e indo a pé.

Quando resolvo vender o meu carro, tem fila de gente querendo comprar: "É... ela nunca sai de casa com ele; tem quatro anos, mas tá novo, nem vem que eu já tô na fila pra comprar!"

Eu morava no Morumbi (pra quem não sabe, é um bairro aqui em São Paulo), tinha esquecido as minhas Barbies há alguns anos, e estava naquela fase em que você passa o dia lendo a revista Capricho e assoviando "Patience", do Guns. Minha mãe estava se recuperando de uma cirurgia, e tudo parecia calmo em casa, aliás tudo sempre parecia estar calmo, mas nunca estava de verdade.

Percebi uma movimentação no quarto dos meus pais. Minha mãe se queixava de dor, enquanto meu pai tentava algum tipo de contato com a farmácia mais próxima.

Quem conhece o Morumbi sabe que, dez anos atrás, não se encontrava uma farmácia aberta num domingo, assim como um táxi. Depois de várias queixas de dor, e telefonemas em vão, eu fui convocada pelo meu pai como a mais nova motorista da família, uma experiência muito emocionante quando você tem 14 anos e nunca dirigiu na vida.

- Pai, é só virar a chave?

- Isso...

- Mas por que não vem você guiando?

- Camila, só de virar a chave já me dá nervoso.

- Tá, e agora?

- Coloca na ré e pisa devagarzinho no acelerador, e vai soltando a embreagem.

- Morreu.

- Tenta de novo, papai tá aqui.

Vinte vezes depois, e eu subo a rampa do prédio chorando e tremendo, enquanto o meu pai vibra como se fosse um gol da seleção.

- Olha no espelho pra ver se você pode virar.
- Qual espelho, pai?
- Este aqui ó, da direita, vai, vai, já olhei não tá vindo ninguém, toca o pau!
- Nossa, quase que a gente perde a entrada! A mamãe sempre liga a seta, onde é?
- Não sei, vai mexendo aí que uma hora a gente acha.
- Tá... Morreu de novo.
- Calma, desliga o para-brisa antes.
- Eu não sei como eu liguei pai!
- Dane-se, vai ligado mesmo, acelera aí...
- Não quer ligar o rádio?
- Você não vai se desconcentrar?
- Eu não tenho a menor ideia do que eu tô fazendo, coloca uma trilha. Quem sabe assim eu paro de escutar o meu próprio coração!
- Ok, Mimo. Vamos de rock.
- Vou acelerar pra não pegar este farol vermelho; toda vez que eu vou sair, o carro morre...
- Acelera, Mimo, papai tá aqui, uhuuuu!!

Depois de meio cd do Cream, muito suor, e um alguns xingamentos, nós chegamos à nossa casa com o remédio nas mãos, e uma história pro resto da vida. Foi meio na marra, mas eu aprendi a dirigir. Alguns anos depois, fui tirar carta...

- Qual o seu nome?
- Camila.
- Vamos lá, Camila, eu sei que é muita pressão por ser um exame, mas vai dar tudo certo.

Pressão... O cara não tem a menor ideia do que é pressão de verdade, pensei comigo.

- E aí, filha, passou no exame?
- Não, pai...
- Como assim? Você dirige há anos!
- A seta pai, a seta.

assalto depre

Outro dia houve um assalto aqui perto de casa, perto mesmo, tipo um quarteirão. Mas o negócio é que não foi um assalto desses na rua, em que o bandido passa correndo, leva a sua bolsa, e você fica lá, injustiçada, meio perdida, sem saber o que aconteceu. Não, nada disso: eram seis caras e eles invadiram e assaltaram um prédio, mais precisamente quatro andares. Um morador entrou com o carro na garagem, e eles entraram atrás, simples assim. Não é o primeiro assalto desse tipo que vejo acontecer aqui no bairro, e é lógico que isso preocupa a gente.

Aí, eu fiquei pensando que, se um bandido, ou vários, invadissem o meu prédio, e tivessem a pachorra de chegar a um andar tão alto como o meu, seria o assalto mais deprê da vida deles. Somos três: meu namorado, eu, e um cachorro. E a última coisa cara que a gente comprou foi a caminha nova do cachorro, 327 reais. Pra muita gente isso não é nada, mas pra quem só compra roupa em brechó, isso equivale a aproximadamente três peças.

Eu não tenho cofre, até porque não tenho joias; eu compro todas as minhas bijuterias na feira do bairro que rola quinta-feira: o anel custa dois reais; o colar, três. Também não uso relógios: eu tenho preguiça de relógios, qualquer coisa que possa me causar trabalho, tipo mandar consertar, ou trocar bateria, eu evito, e fora que o celular já faz esse serviço. Dinheiro, eu saco quando preciso, e logo que saco já gasto. Por isso, em muitos momentos da minha vida, me vi passando cheque de oito reais em estacionamentos.

Aparelhos eletrônicos também não são encontrados por aqui, quer dizer, eu tenho Ipod, e um Mac, mas não são novos, nem um pouco. A TV da sala é bacana, bem grande, era da casa da minha mãe, então já tem alguns anos, só que eu duvido que alguém saia carregando esse trambolho daqui. Temos DVD, dois, mas nos dias de hoje um DVD custa mais barato que caminha de cachorro, então... né?

Mas onde a gente gasta o dinheiro do trabalho e dos freelas que dão tanta dor de cabeça? Foi aí que eu me toquei que eu gasto quase tudo o que eu ganho na minha pessoa. Como uma boa filha única, sou egoísta e só invisto em mim.

Eu amo cremes, produtos de cabelo, protetor solar, maquiagens, pincéis de maquiagem, vitaminas, ou seja, a grana preta tá no cabelo e na pele. Já o meu namorado, bom, ele pinta, e boa parte do dinheiro ele gasta em tintas, telas, livros de arte e pincéis. E como esta casa tem pincéis... A não ser que o ladrão seja artista ou gay, a minha casa é o pior lugar do bairro para ser assaltada.

Confesso que a ideia de não oferecer um roubo produtivo é uma coisa preocupante nos dias de hoje. Acontece que nem sequer um drink eu poderia oferecer, já que a gente não bebe. Nada de vinho, uísque, ou licores. Só temos água de coco, e às vezes umas cervejas...

Aqui ninguém liga pra relógio, joias, ou aparelhos eletrônicos; a gente gosta de bijoux de feira, roupa usada, pincéis e cachorro. Melhor deixar registrado.

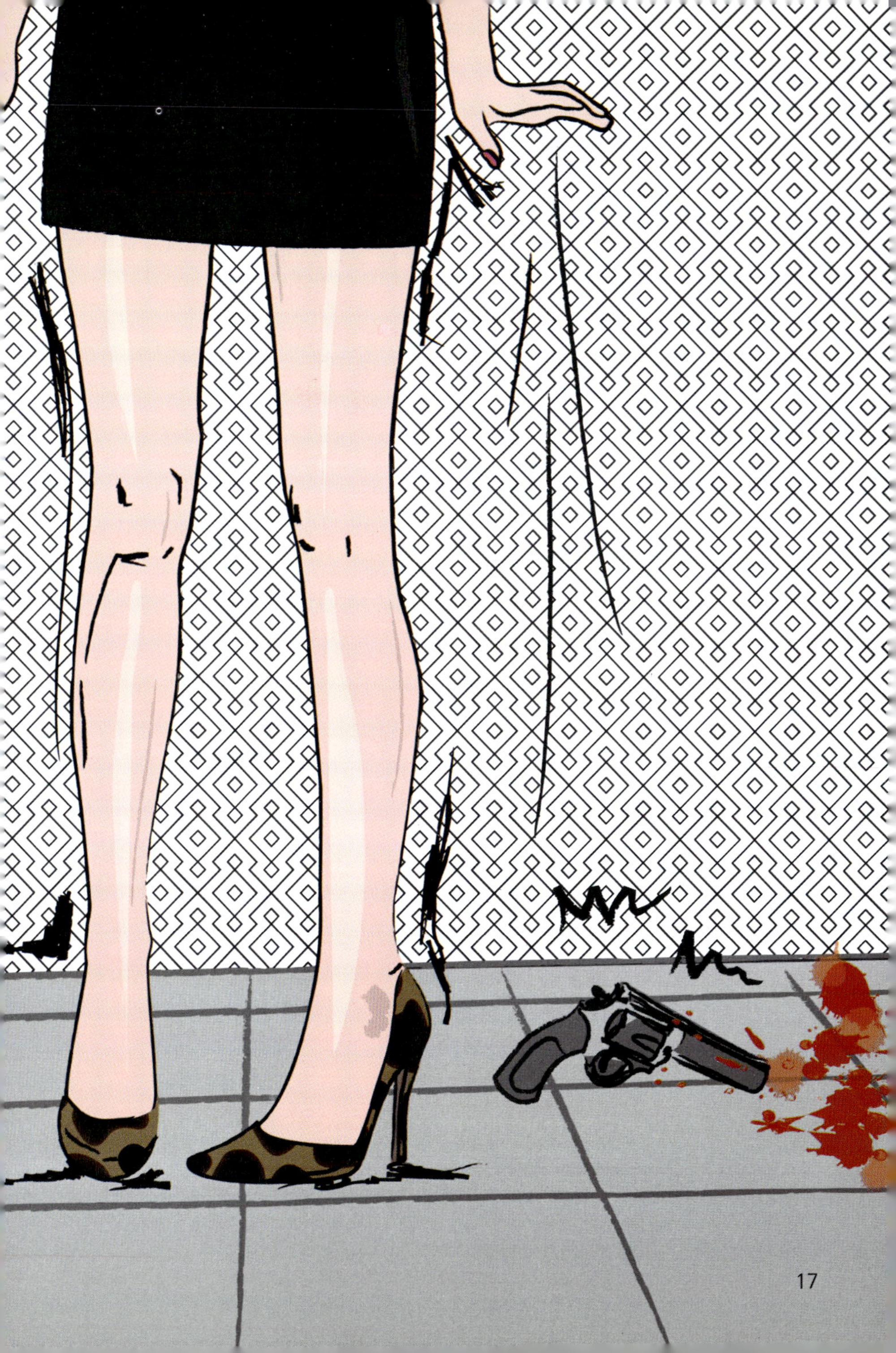

homenagem para as EX

Acho que quase todo mundo que está lendo este texto é ex-namorada(o) de alguém.

Eu, pelo menos, sou ex-namorada de quatro meninos, e talvez por um milagre divino nunca tenha tido problema com ex-namorada nenhuma. Umas já eram casadas; outras não moravam no Brasil, já estavam em outra, essas coisas. Nunca tive a louca que liga chorando, que dá barraco em festa, e nem fui esse tipo de ex também.

Agora, pensando bem, eu acho que a gente tem muito que agradecer a todas as ex dos nossos namorados. Eu como ex, por exemplo, alterei guarda-roupas, vocabulários, e hábitos alimentares de vários namorados. Introduzi a sunga no vestuário moda-praia já que ninguém é obrigada a ver aquela cueca molhada, enrugada e transparente depois que eles tiram a bermuda. Gente, sunga não serve só para queimar a coxa branca, ok?

Por que a ex, sim, aquela mesma que você chama de vaca, precisa ser necessariamente uma vaca? Pensa bem, ela, de todas as mulheres do mundo, é a única que vai dizer "É, eu seiiii!!", quando você comentar o tanto que irrita, ele mudar de canal freneticamente. Ela é o único ser que vai te confortar, esclarecendo que "no jantar era sempre assim, saía da mesa sem eu ter terminado... Uma falta de respeito".

E vai saber de quantas outras coisas ela te poupou, porque, se tem cara que não espera você acabar de jantar, tem cara que não espera você gozar. Foi essa coitada, pode ter certeza, que, depois de horas de DR (discutir relação), mostrou a diferença entre homens e mulheres, e é por isso que, hoje em dia, você dorme relaxada.

Gente, pensa bem: um cara que nunca namorou, quando ele te vê chorando, ele desespera e não faz nada. Muitas vezes vai embora. O cara que já namorou, quando te vê chorando, tenta um "calma linda" com aquela coçada nas costas, sabe? Agora, um cara que já namorou bastante, morou junto, ou foi casado, enquanto ele te abraça forte, ele ainda diz que você tá mais magra! Quer dizer... Isso são anos de treino. Isso tudo foi ela, a vaca. É justo mesmo chamá-la de vaca?

Pensa bem na TPM... Um novato não consegue achar plausível você chorar na propaganda do Itaú; o médio experiente não se mete; o que namorou anos já tem a sensibilidade de comentar "Foda essa propaganda, né?", enquanto faz as contas mentalmente de quantos dias faltam pra essa loucura de TPM acabar.

Tudo bem, eu sei que tem ex-doida, maníaca perseguidora, mas, tirando essas aberrações, as ex-namoradas foram fundamentais no processo de amadurecimento do seu atual. A ex do meu namorado proibiu as meias brancas. Vou tirar o mérito? Nunca. É meia colorida, listrada. Arrasou!

Foi por ter sempre sido uma namorada e ex-namorada exemplar que resolvi escrever este texto. Ex-namoradas, vocês são o máximo. Obrigada.

DEDO PODRE

O nome do meu blog já diz tudo: há coisas que só acontecem comigo, ou com a minha família. Parece filme, mas é vida mesmo. Em matéria de funcionários, os meus pais acertam na mosca, contratando sempre os que, pelo menos, vão render boas histórias...

Eu não me lembro muito do Luís, o nosso motorista; eu devia ter uns dez anos de idade. O que lembro é que, quando eu chegava à garagem pra ele me levar pra escola, sempre encontrava a mesma cena: o carro todo fechado, e ele dormindo lá dentro com o som no talo: "Mãe, o Luís tá dormindo de novo dentro do carro e não abre a porta!". E a minha mãe dizia: "Tadinho, sempre cansado este moço, deixa que eu te levo pra escola".

Acontece que o Luís não estava cansado, e a gente foi descobrir isso uns meses depois, quando ele foi preso. O Luís era um viciado em drogas, ou seja, ele tava sempre chapado. De tanto se drogar, ficou devendo para uns traficantes. Pagou sua dívida dirigindo uma moto em cuja garupa estava um assassino que tinha matado um joalheiro aqui de São Paulo. Que tal? Meu pai quase caiu pra trás quando leu a notícia no jornal e viu a foto do Luís lá. Pra quem duvida, achei no Google uma matéria da revista Veja, de 97 que cita o assassinato bem no final do texto.

A gente não parou por aí nas boas escolhas de funcionários. Os primeiros caseiros da nossa casa de campo pareciam ótimos. Sempre que a minha mãe colocava o biquíni pra tomar sol, ela achava que tinha emagrecido. Doce ilusão! Uns meses depois, a vizinha contou que a caseira – 20 quilos a mais – curtia a piscina nos dias de semana, e aparentemente adorava os biquínis da Tryia. Quem não gosta, não é mesmo?

E então a gente trocou de caseiros. Minha mãe fez todos os tipos de exames ginecológicos possíveis, inclusive em mim, e tudo parecia calmo novamente. Mas não por muito tempo... Depois de uns dois anos com os novos caseiros, a mesma vizinha veio contar mais uma fofoca, obviamente com alguns anos de atraso.

O papo era que rolava um bingo clandestino na nossa casa, toda quarta-feira. A sala era bem ampla, mas mesmo assim ficava gente pro lado de fora do evento. A nossa caseira fazia quitutes – ela era mesmo ótima cozinheira –, e o maridão ia cantando os números no microfone. Pois é, tinha até microfone. A gente nunca foi convidada. Talvez seja por isso que eles tenham sido mandados embora por meus pais com tanta raiva: minha mãe tem muita sorte em bingos...

Mais um casal de caseiros, mais uma história macabra: a caseira fazia um arroz superempapado e, quando a minha mãe reclamava, ela dizia: "Então come ele amanhã que vai tá melhor". Bom, não demorou muito pra minha mãe mandá-la embora. Ela fez as malas e numa das sacolas, minha mãe avistou o abajur do meu quarto.

A partir daí, o circo estava armado: chegou polícia, segurança do condomínio, vizinhos... Um auê! Conforme a gente ia abrindo as sacolas, mais coisas nossas surgiam: talheres, tapetes de banheiro, bonés, até as minhas calcinhas. Mas ela se defendia de forma brilhante, berrando: "Eu não roubei, eu só tirei da casa!".

A gente acabou vendendo a casa de campo. Foi mais fácil. Mas se alguém precisar de indicações de caseiros ou motoristas, temos funcionários que rendem ótimas histórias. E, pelo que tudo indica, o Luís já foi solto da prisão.

DÓI MAS É GOSTOSO

Andei reparando que tem dor que é boa. Não, eu não sou masoquista; nada de vela derretida nas costas ou chicotadas na bunda, aliás, aquelas pessoas amordaçadas e algemadas, vestidas em látex, dão-me muito desespero. Agora deve tá todo mundo pensando: "Que canal essa menina assiste?", mas não é nada disso que eu quero dizer... Tô falando de dorzinha, sabe? Tipo água oxigenada espumando na unha inflamada, dói, mas é gostoso.

Afta, por exemplo. Ter afta é um saco: toda hora a gente morde, fica raspando no dente, às vezes tem de apelar, e direcionar a comida toda pra um lado só... Agora, compra o remédio, molha no cotonete, posiciona-se bem na frente do espelho, puxando o lábio pra fora, já fazendo cara de dor, e mira em cima dela, assim, sabendo que vai doer. Não é uma delícia? Aquela ardidinha do "Eu tô matando você, maldita!" é a coisa mais incrível que tem. E, mais legal do que sentir a dor, é ver a afta ficando branca.

E tirar pelo encravado? Eu sei, até o nome "pelo encravado" é medonho, mas só quem tira um, sabe o prazer que é ver aquele coisa estranha saindo de dentro da pele, sei lá, parece que a gente tá mais leve, mais limpa. E tirar pelo encravado (calma, já paro de falar de pelo encravado, eu juro) no sol? Eu acho que toda piscina ou praia deveria ter um biombo reservado pra extração de pelo encravado, com vários tipos de pinças; é mais legal que ler, ouvir ipod ou fazer palavra cruzada...

Outra coisa que eu adoro é machucar a gengiva com o fio dental, e pra mim essa é a única parte boa de se usar fio dental. O processo todo é muito ridículo. Afinal de contas, estamos falando de um fio com sabor menta que custa quatro reais, e, segundo o meu dentista, é uma das coisas mais importantes para a sua saúde bucal. Depois de ver naquela propaganda que existem doze problemas bucais, é melhor não desprezar o fio dental. Mas sabe quando você passa e sangra um pouquinho? E depois a gengiva fica mais gordinha, você passa a língua em cima e ela tá até mais lisa. É muito bom, tô fazendo isso agora.

Cantinho de unha! A famosa pelinha, um dos passatempos prediletos da humanidade. Comer pelinha não é simples, porque primeiro você a encontra, depois a amolece, e é toda uma gincana pra achar a posição perfeita, e, assim, cortá-la com os dentes. Hoje em dia eu faço a unha (todas as semanas), por isso não é sempre que encontro uma pelinha, e nem vem me chamar de perua, porque, depois que eu assisti ao programa "A Liga" da Band nesta última terça, e vi aquele Punk demorando duas horas pra fazer o cabelo com secador, eu cheguei à conclusão de que punk sou eu.

Minha última dor boa, e a mais temida por todos, é a dor do "pé na bunda". Eu sei, a gente sofre muito quando leva um fora, mas diz aí se não é uma delícia ficar na cama, vendo filme depressivo, comendo besteira, com a roupa mais feia do armário, cutucando uma afta, ou puxando uma pelinha? Nossa, já curti horrores assim...

pano de prato

Eu odeio quando eu pergunto para a pessoa quantos anos ela tem, e ela me responde "quantos anos você acha que eu tenho?". O que é isso? Gincana da idade? A chance de errar é imensa. E aí você chuta bem baixo pra não ter erro, "Hummm... uns 22!", mas a pessoa te responde 36, e você fica sem graça porque tá na cara que você viajou.

Foi no cruzamento da José Maria Lisboa com a Avenida 9 de julho que eu senti, talvez pela primeira vez, a idade chegando. O rapaz de boné chegou bem perto do vidro do meu carro, e me ofereceu três panos de prato por dez reais, assim, bem natural, e ainda completou: "Se a senhora quiser, mostro as outras opções de bordado.".

Cadê a caixa de frutela onde eu escolhia a que era de morango? Cadê o Trident de melancia? O balão do Bob Esponja? Eu não sou velha não, viu! Eu tenho facebook! E ele lá: "Ok , três por oito reais é a minha última oferta, dona." Logo o sinal abriu e eu fui embora, sem pano de prato.

Mas o que me deixou mais grilada mesmo foi a vontade que eu senti de comprar um pano de prato...

- Alô, mãe?
- Oi, filha, tudo bem?
- Sim, mãe, tudo ótimo. Viu, acho que estou velha.
- Como assim, Camila?
- Um moço acabou de me oferecer panos de prato no farol.
- E por isso você acha que você tá velha?
- Claro, sempre me ofereceram chicletes, carregadores de celular, mas nunca, nunca mesmo, um pano de prato.
- Ai, Camila, que bobagem, filha.
- Não, mãe, ainda não terminei a "noia". O pior de tudo é que eu senti vontade de comprar.
- E você comprou?
- Não, mas eram bordados bem bonitos...

- Por quanto?
- Três por oito reais.
- O quê? E você não comprou?
- Não.
- Tinha pano de chão também?
- Não vi.
- Ai, Camila... te oferecem três panos de prato por oito reais, e você nem pensa em perguntar quanto é o pano de chão?
- Ah, mãe, nem lembrei... sei lá.
- Fica tranquila, minha filha, você definitivamente não está ficando velha.

Mesmo depois dessa conversa, eu preciso afirmar que estou sim ficando velha, passei a noite pensando por que eu não comprei os malditos panos de prato, e quanto seria o pano de chão. Na manhã seguinte, lá estava eu.

- Oi, você ainda me faz três por oito reais?
- Claro.
- Quero seis pra mim, e vou levar seis pra minha mãe.
- Tá no jeito.
- Tem pano de chão também?
- Cinco reais cada.
- Faz um desconto vai.
- Não posso: cinco reais mesmo.
- Então deixa...
- Olha, é melhor levar... A criançada faz bastante sujeira!

(criançada?)

- Alô, mãe.
- Oi, Mimo.
- Tô velha sim, ele acha que eu tenho filhos!
- Quem acha que você tem filhos, Camila?
- O cara dos panos de prato. Voltei lá e comprei seis pra você por dezesseis reais...
- Filha, enquanto ele te vender pano de prato por esse preço, ele pode achar o que ele quiser.

DO

Ao contrário de muita gente, eu adoro domingos. Acho absolutamente fantástico o pouco caso no qual arrasto o meu domingo, sem propósito, compromissos, ou maiores expectativas. Eu o empurro com a barriga desde a hora em que acordo. E foi depois de quarenta minutos olhando pro teto, deitada na cama, que eu me levantei para a minha primeira, e talvez mais inadiável tarefa do dia, um xixi.

É uma coisa assustadora o cheiro de cigarro no cabelo depois de uma festa. Às vezes eu lavo o cabelo duas vezes, e mesmo assim fica aquela mistura de cinzeiro com eucalipto. Entrei no banho, e dei início à minha briga contra o cheiro de festa na cabeça, ao mesmo tempo ouvia música, e treinava alguns passos no chuveiro, com muita cautela, já que não é um dos locais mais apropriados para a dança, se levarmos em conta a porta de vidro, e o chão ensaboado. Tudo ia muito bem, tudo muito calmo.

Foi então que avistei o inseto. Não era mosca, porque era magro; não era pernilongo, porque era grande, e não era aranha, porque tinha asas. Um inseto muito estranho, todo meio desproporcional com pernas compridas demais, uma espécie de Ana Hickman dos insetos, com anorexia avançada. Éramos nós dois dentro do boxe, um de frente para o outro, ao mesmo tempo em que o raciocínio caipira me invadiu e eu gritei: "É venenoso!".

Por mais impossível que seja imaginar algum líquido venenoso dentro daquele fiapo de inseto, eu fui tomada pelo medo e permaneci imóvel durante uns vinte segundos, pensando friamente em qual seria o meu próximo passo, mas parece que, quando a gente tá pelada, a gente fica burra (a ala feminina vai concordar que fazemos as nossas maiores burradas quando estamos peladas...).

Voltei meus olhos para o inseto e ele havia sumido! Num ato desesperado, puxei a toalha e saí correndo toda molhada para o outro banheiro da casa, ao mesmo tempo em que gritava e olhava o meu corpo freneticamente.

No trajeto, obviamente caí no corredor, deixando por ali a unha do dedo mindinho que, em minha opinião, só existe pra isto: perder unhas em

MINGO

ocasiões especiais. Cheguei ao banheiro chorando, sangrando e muito nervosa, o shampoo no olho era refresco.

Terminei o banho ao mesmo tempo em que me acalmava. Enrolei papel higiênico no dedinho, que continuava a sangrar e dilatar, me sequei na toalha e, movida de todo o ódio, fui à busca do inseto com sede de vingança. No caminho, recolhi minha unha do chão e joguei fora.

Foi inspecionando o banheiro atrás do (palavrão que rima com ilha da gruta) que reparei algo grudado em minha barriga. Era ele, morto, esmagado na minha própria pele, provavelmente escondido na minha toalha de banho.

Agora estou deitada na cama, sem uma unha, esperando algum tipo de reação alérgica. Se este texto chegar até o blog, significa que sobrevivi; caso contrário, doo minhas roupas para os brechós do bairro. Talvez eu tenha mudado de opinião a respeito dos domingos.

CRISE

- Alô.
- Oi, Kiko.
- Camila?
- Eu.
- Que telefone é este?
- Ah, é o da minha casa, mas nem anota.
- Por quê? Vai mudar?
- Não, tenho este número há anos, mas às vezes desligo o celular pra ficar sozinha, e vai ser um inferno vocês ligando pra minha casa.
- Tá bom, eu não anoto. E aí, fez o que ontem?
- Preguiça de falar...
- Tá de mau humor?
- Não.
- Quer vir aqui?
- Não, quero ficar sozinha.
- Ok.
- Vem você aqui?
- Achei que você queria ficar sozinha...
- Mas qualquer coisa eu fico no quarto.
- Ah tá, e eu fico sozinho na sala?
- Chama alguém pra ficar com você.
- Você tá em crise...
- Talvez.
- Te conheço, tá acontecendo alguma coisa na sua vida que você não tá sabendo administrar, então pra não pensar, você quer a gente aí.
- Sei... Mas você vem?
- Tô indo. Vou ligar pro Ciro, assim tem mais coisa pra você arrumar.
- Vocês vão fazer bagunça?
- É isso que você quer, não é? Muitos cinzeiros com bitucas, tênis espalhados pela casa, você precisa organizar coisas... Te conheço.
- Vem logo, já tô arrumando a sapateira pela terceira vez!

Simulação de como deve ter sido o papo Kiko x Ciro.

- Oi, Ciro.
- Fala, Kiko.
- A Camila ligou aqui me chamando pra casa dela... Vamos?
- Videogame?
- Isso que eu pensei.
- Ela tá chata ou rola chamar o Alê?
- Tá na noia de novo...
- Crise?
- Sim, já tá arrumando a sapateira...
- Irado, vou chamar o Cláudio também, assim tem mais coisa pra ela fazer.

Papo entre Ciro e Cláudio.

- Cláudio?
- Oi.
- Vai rolar videogame na casa da Camila.
- Quem vai?
- Eu, você, Kiko e Alê.
- Ela liberou a casa? Posso chamar o Vavá?
- Tá liberado, parece que é crise de novo, vai ficar no quarto, arrumando gavetas, depois a sala, cozinha e tal... Lembra a última vez?
- Lembro, ela até arrumou o meu cabelo... Irado, tô colando lá.

Papo entre Ciro e Alê.
- Fala, Ciro.
- Casa da Camila.
- O que vai rolar?
- Videogame.
- Quem vai?
- Todo mundo.
- Ela topou?
- Parece que tá em crise.
- Ixi... Tá arrumando tudo lá?
- O Kiko falou que ela tá doida de novo, lembra a última vez?
- Lembro. Ela arrumou nossos tênis por ordem de tamanhos... Melhor pedir pizza também, assim ela lava a louça.

Claudio, Ciro, Alê e Kiko jogam videogame. Sem nem tocar a campainha, o Vavá vai entrando.

- Cadê a Camila?
- Lavando uns copos.
- Eu coloco o meu tênis na fila de tênis, ou ela vai fazer isso?
- Larga o tênis por aí, o Ciro foi limpar o cinzeiro e ela gritou com ele... Aliás, alguém liga pra pizza, porque se ela parar de limpar a gente tem de ir embora!
- Vou ligar pro Tonico também.

MANUAL DO ELEVADOR

MAXIMO

350 Kg

PARA CIMA

↑

↓

PARA BAIXO

Após 29 anos de uso intenso de elevadores, senti a necessidade de criar o manual do elevador. Talvez vocês achem um exagero, ou até se identifiquem com algumas das situações que descrevi aqui, mas o que ando assistindo por aí é revoltante...

Capítulo 1 – Como chamá-lo.

Se você vai subir, aperte a flecha ou seta que indica para cima, se você vai descer, aperte a que indica para baixo, e jamais, eu disse jamais, aperte as duas ao mesmo tempo, ou você quer subir, ou você quer descer.

Suponhamos que quando você chegar ao elevador, alguma outra pessoa já tenha apertado o botão da sua escolha. Simplesmente aguarde; não é necessário reapertar o botão: o elevador não vem mais rápido e nem faz a contagem de quantas pessoas estão à sua espera.

Capítulo 2 – Como entrar ou sair dele.

Se você chegou por último, seja o último a entrar; chegar por último e entrar correndo na frente de todo mundo, além de ser babaca, é o mesmo que furar a fila. Antes de entrar, verifique se não existem pessoas que precisam sair primeiro. Não fique posicionado na porta do elevador como se fosse um goleiro, por favor.

Na hora de sair, deixe as pessoas de idade e as mulheres saírem primeiro, é mais gentil. Se o elevador está cheio, paciência; aguarde o próximo. Todo elevador tem limite de pessoas e esse limite não é "cheio até o talo"; não se abolete fazendo com que alguém fique com o nariz dentro do seu cabelo.

Capítulo 3 – Como se portar.

Se você vai a um dos últimos andares do prédio, se posicione na parte do fundo; caso não seja possível, toda vez que o elevador parar em um andar que ainda não é o seu, saia dele e fique na parte de fora ao lado, com o braço impedindo o fechamento; assim as outras pessoas conseguem sair sem rolar um encoxamento: é muito improvável que ele corte o seu braço fora. Depois de todos terem saído, você entra novamente. Não entre falando ao celular: a ligação sempre cai, e sem perceber você fica berrando no nosso ouvido: "Tati? Tati, você tá ouvindo? Alô, Tati?". Não puxe papo, não dá tempo de conversar no elevador, e no final é uma aflição tentar acabar o assunto e ser simpática antes de a porta fechar na cara.

Preste atenção na hora de apertar o andar: quando você erra e aperta mais de um, é um saco pra todo mundo. Jamais lute para chegar ao espelho: se você não conseguiu o resultado desejado em casa, desista. E, em hipótese alguma, esprema cravos e espinhas na presença de pessoas. Sozinho tudo bem, vai...

Nunca aperte freneticamente o botão pra porta fechar, basta apertar uma vez; caso não obtenha resultado, aguarde, é a vida. O elevador parou no seu andar, mas a Cláudia e o Andrei do financeiro ainda estão enrolando no corredor; não segure a porta e fique berrando: "Cláudia, chama o Andrei!!! Vai, meu, vem logo que tem gente!!!". Não discuta assuntos pessoais, e, pelo amor de Deus, não beije na boca. Usar elevador para subir e descer apenas um andar é quase um insulto; a escada de incêndio não foi feita só pra fumar um cigarrinho.

E nunca – eu disse nunca – diga, "Acho que vai chover...".

Capítulo 4 – Evitando perguntas idiotas.

Se a seta indica que o elevador desce, ou o ascensorista grita "Desce", não pergunte na sequência "Tá descendo?" ou "Não vai subir?".

Preste atenção, se você está no subsolo, e não existem andares abaixo do seu, evite perguntar "Tá subindo?", é um pouco idiota.

verdades do elevador

Vou tocar num assunto no qual eu acho que toda mulher já pensou. Você acorda, lava o rosto, passa um creme, uma base ou um pó compacto, quem sabe um pouco de blush, rímel, um corretivo, se olha no espelho do banheiro, e tá ali alguém aceitável, com uma pele ok, mas isso até você entrar em um elevador. É dentro do elevador que você vê a realidade.

O elevador do prédio onde eu moro é da marca Atlas Shindler, já o do prédio da minha mãe é Villarta, e no escritório é outra marca da qual eu não me lembro agora, mas a verdade é que isso tanto faz, qualquer elevador em que você entre, em qualquer lugar do mundo, você fica medonha. Alguém já percebeu isso?

Jesus! Onde é que eles vão arrumar aquela luz? É pior que luz de cozinha, de sala de cirurgia de hospital. Não sei se é mais econômica, mas se for pra economizar, eu juro que prefiro um elevador à luz de velas! A gente fica muito melhor à luz de velas...

Toda maquiagem deveria ter um selo: "Este produto foi testado em elevadores." Não tem maquiagem à prova d'água? Então, já tá mais que na hora de alguém inventar a maquiagem à prova de luz de elevador. E quando o elevador não tem espelho e você só sente que está feia?!

Acho que eu nunca olhei pra nenhum namorado dentro do elevador, eu fico praticamente o tempo todo procurando alguma coisa dentro da bolsa. "Onde é que está a chave mesmo?" E é tudo mentira, eu sei que a chave de casa fica separada no bolsinho de dentro da bolsa, mas o cara não pode me ver naquele estado, parece que você aperta o botão do andar e nascem olheiras.

Você consegue enxergar todos os defeitos da pele dentro de um elevador; você enxerga os poros, dentro dos poros, locais que já foram habitados por uma espinha meses atrás, e inclusive futuras espinhas. Pêlos errados na sobrancelha, manchas de sol, de nascença, marcas de catapora, tudo ali. E você fica se olhando e pensando "poxa, mas eu não estava assim quando eu saí de casa...".

Fico imaginando uma esteticista dentro de cada elevador. Seria um prato cheio pra elas. É claro que é uma loucura da minha cabeça, mas imagina só que coisa mais prática: ao invés de ficar se olhando no espelho com desgosto, a esteticista examina a sua pele, ou até tira um cravo ou outro do nariz. Olha que otimização de tempo!

Eu por exemplo que moro no 14º andar, consigo tirar no mínimo uns três cravos. Se parar em algum andar, então, quem sabe quatro ou cinco. Dependendo da intensidade da olheira, ela te dá uma dica de creme. Você já parou pra pensar quantos elevadores você pega por dia? A minha pele já estaria impecável...

você tem convite?

Os convites vão se acumulando na mesinha do telefone, e eu percebo que é realmente difícil um dia em que eu não tenha nenhuma festa, lançamento, evento, casamento ou aniversário: "Amor, hoje tem inauguração da loja da Fê, amanhã é aniversário do Cláudio e na sexta tem casamento da Bia". Eu fico me lembrando de quando eu tinha uns 15 anos e era um drama convencer minha mãe de me deixar ir às festas: "Escolhe Camila, ou você sai na sexta ou você sai no sábado".

Depois, um pouco mais velha, lá pelos meus 18 anos, minha mãe já tinha desistido de tentar me manter em casa e eu fazia de tudo para comparecer ao maior número possível de eventos. Só que, com 18, você ainda não conhece os promoters, donos de baladas, DJs e hostess. Em compensação, como você ainda não trabalha – eu pelo menos trabalhava meio período –, você tem tempo de sobra pra se concentrar quase que exclusivamente na busca de convites, pulseiras e nomes na lista.

Todo mundo que descola um esquema para entrar nas festas, usa um vocabulário específico, tipo "Descolei um esquema pra entrar na festa". Aos 18, porém, você ainda não sabe que "descolar um esquema" muitas vezes significa desembolsar uma grana preta para o segurança, e acabar dentro da festa sem grana pra beber. Isso não é necessariamente ruim, já que o objetivo principal nessa idade é simplesmente "fazer parte", e ligar para os outros no dia seguinte dizendo: "Nossa, o que foi a festa de ontem? Demais...".

Outro clássico dessa fase da vida é o "Pôr para dentro": "Meu amigo conhece um cara que vai pôr a gente pra dentro." E você fica lá na porta, de canto, atrapalhando a passagem de quem tem de fato nome na lista. Nenhum segurança de cara fechada te assusta nessas horas, por isso você segue absoluto com o seu discurso: "Eu tô com o Rosenberg que acabou de entrar, pode perguntar para ele! Ele foi chamar o Rafa que vai pôr a gente pra dentro".

A hostess, figura importante nesse circuito, é mais conhecida como a "Menina da porta": "Não, tranquilo, dá pra entrar sim, eu conheço a menina da porta". E é nesse momento que você aprende que, muitas vezes, você e seus amigos se tornam invisíveis. A hostess é treinada para transformar você em parte da paisagem, tipo uma árvore, um poste, uma placa de trânsito. É um ver sem olhar...

Uma das minhas táticas preferidas é gente que diz "Eu tô na mesa do Bruninho Andrade." Como funciona? Você fica sabendo que um tal de Bruno Andrade – que você nunca viu na vida – faz aniversário e pegou uma mesa. Fazendo voz de comando e passando confiança, você se ilude que o nome Bruno Andrade tem o efeito abre-te Sésamo da porta da balada. O problema é que fora você, há mais uns sete amigos do Bruno barrados na porta.

Agora tudo mudou: o que era escassez na minha juventude vira acúmulo na mesinha do telefone. Você tem 20 anos e seu papo é "Você tem convite para a festa?". Mas com 30, você tem convite para festa... e queria muito poder dizer "Eu não fui porque a minha mãe não deixou...". Parece que o mesmo esforço que eu fazia para conseguir entrar, hoje em dia eu faço para tentar escapar.

Seu Rubens

Meu avô passou mal semana passada, e chegando ao hospital foi acomodado numa suíte. Segue o diálogo:

- Boa tarde, seu Rubens! Vamos injetar este remedinho para o senhor se sentir melhor?
- O que tem neste remédio?
- O senhor tem medo de injeção?
- Não, eu tô com medo porque eu não sou o Seu Rubens, eu sou o Jairo...

O rei, o médico e o guaraná

- Começou faz tempo?
- Não, começou agora pouco, eu também não peguei do começo, mas já tô entendendo tudo.
- Sei... Eu tenho preguiça de ver filme começado.
- Mas este é muito legal!
- Ah é?
- É, este cara é o médico.
- Sei...
- Mas ele não consegue sair do país, e... pera aí... nossa, ele vai tentar matar o cara!
- Não quer procurar outra coisa? Eu não tô entendendo nada.
- Este de chapéu...
- Quem tá de chapéu?
- Pera, ele já vai aparecer de novo, um de chapéu verde.
- O que tem o de chapéu?
- Ele é o guarda que descobriu que ele vai tentar fugir!
- Ele quem?
- Este aí, ó!
- Este vai tentar fugir?
- Não! Este é o guarda!
- Mas cadê o chapéu?
- Não sei, ele tirou... ó o cara ali! Nossa, agora fodeu!
- É ele que vai tentar fugir?
- Não, ele é o amigo médico.
- Médico de quem?
- Sei lá, Camila, médico é médico de um monte de gente...
- Mas o que tem este médico no filme?

- Olha aí o guarda de chapéu de novo; não falei que ele tava de chapéu?!
- Tá, mas quem tá fugindo?
- O médico e o cara.
- Quem é o cara?
- Aquele que tava com o de chapéu.
- Sei, eles tão fugindo pra onde.
- Eles querem matar o... nossa, agora o cara rodou! Ó lá, tá vendo? Ele vai tomar o comprimido!
- E o que tem este comprimido?
- Ah vai! O médico errou o vidro! Hahahaha, nossa, que tenso este filme!
- Não tô entendendo nada, tô achando este filme um saco.
- Sabia, o amigo do médico foi quem trocou o vidro de remédios.
- É este de preto?
- Não, não viaja, este é o rei...
- Quer bolacha?
- Olha isso, ele deu o vidro pro rei... Foda, muito foda este médico!
- Ainda tem guaraná na geladeira?
- Oi?
- Guaraná?
- Não quero, brigado.
- Mas ainda tem?
- Ele MATOU o rei!
- Hein? Tem guaraná?
- Sei lá... tem. Ah, não, acho que não tem não...
- Queria guaraná...
- Putz, os caras vão fugir no mesmo trem!
- Vou até a cozinha, quer alguma coisa?
- Ele viu! Ele viu o cara lá!
- Ó, tem guaraná, sim!
- Pronto, o médico tá ferrado, vai levar a culpa toda!
- Quem será que inventou tomar guaraná com laranja?
- Oi?
- Você toma, né?
- Ah, mataram o médico! Toma o quê?
- Guaraná com laranja.
- Agora sobrou na bolsa da mulher o resto do remédio.
- Que remédio?
- O que mata.
- Eu não gosto de guaraná com laranja.
- Nossa, sabia que ia sobrar pra mulher... puta filme!
- Acabou?
- Acabou. Dá um gole?
- Acabou.

Modernidade irritante

Duas coisas que andam me tirando do sério ultimamente: pasta de dentes e Gilette. Tá bom, eu sei que Gilette é uma marca e eu deveria dizer lâmina de barbear, mas ninguém faz isso, provavelmente só o coitado do concorrente da Gilette. Voltando ao ponto, alguém aí andou reparando na "surtação" de nomes e funções diferentes que essas duas coisas hoje em dia possuem?

A Gilette tá sofrendo uma mutação tão absurda que daqui a pouco vamos precisar adquirir o porte de Gilette, assim como o porte de armas. Eu já imagino um roubo a bancos quando o bandido diz: "Todo mundo no chão ou eu ligo essa Gilette!". Sim, porque agora a Gilette vibra! E eu comprei a Gilette que vibra, e me senti uma idiota raspando a perna com uma Gilette vibrante. Que porra é essa? Um vibrador de masoquista? Foi depois disso que eu juntei minhas moedas e comecei a depilação a laser.

Mas, sério, a gente precisa de tanta lâmina assim pra tirar os pelos? Ela tem de ser de prateada brilhante, com cabo emborrachado e vibrar? A Gilette das adolescentes tem de ser rosa e roxa com flores desenhadas? Gente, Gilette não é pra ser fofa. A gente passa aquilo no sovaco, e qualquer coisa relacionada ao sovaco perde a fofura! Daqui a pouco vão inventar a Gilette ExtraPlus Luminus, que acende pra você se depilar no escuro! Ó, se alguém vir essa Gilette por aí, a ideia foi minha, hein!

Passo grande parte do dia na internet, já que vivo, ou melhor, sobrevivo escrevendo em sites e blogs, e, numa dessas minhas pesquisas de "tendência" (tem de ler com voz nasalada que fica mais chique), eu achei o novo lançamento da Gilette: chama-se Gilette Fusion ProGlide. Vale um Google, tá?! O nome já impressiona, mas quando você vê a bicha na foto, os seus pelos cometem suicídio. E falando em suicídio, tá aí uma ideia boa pra quem estava pensando no assunto. Não tô incentivando, só tô dando um toque.

Ok, vamos mudar pra pasta de dente. A pasta de dente virou uma coisa tão absurda que, assim como a Gilette, tem nomes e funções bizarras, tipo a Colgate total 12, porque uma pasta de dente que previne contra 12 problemas bucais é praticamente o analista da sua gengiva. Eu nunca soube que uma boca poderia ter tanto problema!

E essa paranoia de White? Eu não faço a menor ideia do que está acontecendo com a gente, porque a cada dia a gente quer ficar com o dente mais branco! E eu também, assim como você, comprei a pasta de dente total White Triple Plus blá blá blá, e sabe o que aconteceu? Ela machucou toda a minha gengiva e por isso agora eu estou usando a Sensitive Multi Proteção. Meus dentes estão se sentindo superprotegidos...

Olha, com essa coisa do vintage, o que eu mais espero é que alguma marca resolva relançar a velha e boa Gilette azul-marinho sem frescura, e a saudosa Kolynos que dizia apenas "creme dental". Eu fico por aqui.

O vizinho tarado

Eu acho que já comentei no blog, meio que por cima, que eu tive um vizinho punheteiro, né? Nunca contei direito o caso todo, porque eu tinha medo do safado.

Vivia noiada, afinal, ele sabia quem eu era, onde eu morava, meus horários, o modelo do meu carro, essas coisas. Agora que já faz muito tempo, acho que não tem problema contar. Assim, deixo registrada a sorte que eu tenho pra vizinhos.

Eu cheguei à minha casa tipo oito da noite, não usava uma roupa sensual, ou coisa parecida, estava de calça de moletom, e uma camiseta do Ramones. O celular tocou, era a Leka. Enquanto eu falava com ela, percebi um senhor na janela do prédio ao lado. Até aí tudo bem, normal olhar pela janela. Caminhei lentamente para o meu quarto, que tem a mesma vista da sala. Quando olhei para a janela novamente, lá estava ele, nu em pelo, com a janela aberta, luz acesa e pau pra fora.

- Lekaaaa!!! Tem um cara se masturbando pra mim!
- Como assim? Onde?
- No prédio ao lado. Vi o pinto dele, vi tudo!
- Você tem certeza de que é pra você? (Eu adoro as perguntas da Leka)
- Ah, tá, porque se fosse uma homenagem pra lua, ou pra mãe natureza seria uma coisa normal?
- Ah, não sei...
- Que nojo, que medo!
- Você tá olhando?
- Não, tô agachada, morrendo de medo de levantar.
- Levanta, dá uma olhada se ele ainda tá lá!
- Ecaaaaaaa! Tá lá, em plena ação.
- Não é possível, você tá doida, tô indo aí...

Ela veio e comprovou. Na outra semana veio a Ju, na outra a Nina, a Fê, a Pri... e por muitos e muitos meses a vista da minha casa era um senhor de pau pra fora. No primeiro mês você assusta, no segundo você se revolta, no terceiro você tenta ignorar, e no quarto mês a sua casa vira um ponto turístico e todos os seus amigos fazem uma vaquinha pra comprar binóculos.

Nada mais justo que fazer um bolão: quem adivinhasse o nome do vizinho tarado levava uma grana preta. E pra descobrir o nome? Um belo dia, tô na

portaria do prédio, e vejo o vizinho do outro lado da calçada. Falo pro porteiro:
- É este, Zé. Este velho é o velho tarado do prédio ao lado!
- Este careca?
- É, ele mesmo, tenho certeza, já vi de binóculos...
- Mas ele é dono do imóvel que tá para alugar na esquina.
Liguei pra Leka e contei do imóvel. Ela veio voando pra minha casa, e lá fomos nós investigá-lo. Vimos a placa bem grande "Aluga-se, tratar com o proprietário", e o número de um celular. Era a nossa chance! Foi bem emocionante ligar pro meu vizinho tarado e ainda assistir, da janela da minha casa, ele conversando comigo. E é claro que escondida pra ele não me ver.
- Oi, quem fala?
- Com quem quer falar?
- Oi... meu nome é Neide (adoro os nomes que me surgem nessas horas). Estou interessada no imóvel. Com quem eu falo?
- Pois não, aqui é o Francisco.
Ninguém levou o bolão, meu palpite era Plínio. Ainda moro no mesmo bairro e sempre vejo o Francisco punheteiro circulando pelas ruas, mas a gente finge que não se conhece. Depois de anos de intimidade, ele me ignora. Homens...

NO TIME DOS MENINOS

Quem me conhece sabe que eu só ando com homens. Desde pequena, meus amigos mais próximos são sempre homens; tenho até um grupo de amigas, umas doze, grupo do qual sou bastante ausente. Convivo mesmo com duas ou três amigas no meu dia a dia. De resto, só homens.

Já devo ter dito diversas vezes nos meus textos a minha falta de saco pra lidar com mulheres. Não sei, mas acho que elas são muito complicadas; viajar só com mulheres, por exemplo, é uma coisa que eu não faço mais. Viajo com oito homens e lavo a louça, mas aguentar oito mulheres é aguentar pelo menos quatro secadores de cabelo, disputa pro espelho, malas gigantes que espalham roupas pelo quarto todo, além de ouvir a mesma ladainha em todos os cômodos da casa: "Então, aí ele falou que ia ligar, mas você acha que eu mando uma mensagem de texto só pra ver o que ele fala?". Aaaahhhh!! Não tenho saco!

Viajar só com homens é muito bom. Na maioria das vezes, eu tenho um quarto só meu, e, se não tenho, o armário tá garantido, ou vocês já viram algum homem tirar a roupa de dentro da mala? Eles abrem o vinho, matam a barata e são extremamente carinhosos, tudo isso sem quebrar a unha, berrar, ou serem melosos.

Mulher faz drama demais. Se eu termino o namoro e encontro uma mulher, a primeira coisa que ela diz é "Você tá mal? Conta... Terminou por quê?". Agora me fala de verdade, essa não é a última coisa que você quer lembrar nesse momento? Ela realmente quer fazer você reviver a última briga, do "oi" até o "e aí, ele foi embora", com você tremendo o queixo.

Já quando eu encontro um dos amigos, eu geralmente escuto: "Terminou é? Foda... Mas vamos pra praia este final de semana?". Deu pra sentir a diferença? Amigo homem é muito melhor. Se as mulheres tivessem mais amigos homens, saberiam quantas coisas erradas já fizeram ouvindo as mulheres.

Bom, o que me motivou a escrever este texto foi uma cena que eu acabo de presenciar no elevador do escritório onde trabalho. Leiam o que vem a seguir, e me digam se não tenho razão: entro no elevador com três meninas, eu calada, e elas no maior bate-papo. Alguma coisa sobre uma dieta de revista. O elevador para, e uma delas sai. Logo que a porta se fecha, vem o diálogo das outras duas falando sobre a coitada que saiu:

1 – A Mari é muito engraçada, né?

2 – É, ela é bem engraçada, mas aquele namorado dela é um idiota.

1 – Coitada, faz ela de palhaça. É o cara mais galinha que eu já vi.

2 – Ela também é uma anta…

Sentiram o grau de crueldade? A menina mal saiu de dentro do elevador! Se fosse homem, falava na cara que a mulher não presta, na maior simplicidade. O amigo entenderia o toque, na maior simplicidade também, e a vida continuaria na maior simplicidade. Mas, pelo menos, a Mari é engraçada…

QUANDO O CORPO TIRA UM SARRO

Querer espirrar e não conseguir é, na minha opinião, um dos maiores fracassos do corpo humano. A vontade surge do nada: você tá fazendo alguma coisa e, de repente, para! Não sabe se respira, ou se prende o ar. Sente que ele (o espirro) tá vindo, então você cerra os olhos, abre a boca, e, do nada, sente que a vontade tá passando… Numa atitude desesperada, você procura um foco de luz, e vale qualquer coisa, TV, abajur, o sol… Às vezes funciona, às vezes o bendito some, mas nada mais chato do que um imbecil te perguntar "Tá com vontade de espirrar?", só pra vontade passar de vez. Ai, que raiva que dá desse povo sem graça!

O bocejo já é o oposto: você nunca fica tentando bocejar, mas muitas vezes você fica tentando não bocejar. E só de ler bocejar, aposto que vocês estão bocejando. Não é muito doido? Eu fico super sem graça de bocejar em reunião, uma porque mostra que o papo tá chato, e outra porque é altamente contagioso, e o resto todo se põe a bocejar num ritual sem fim. Coisa estranha mesmo…

E o xixi? Eu não sei muito bem se isso é uma paranoia feminina, ou se meninos também sofrem dessa síndrome. Conversando com amigas, ouvi vários relatos de desespero de quando o xixi embaça pra sair. Já perceberam isso? Geralmente o fato ocorre quando existe uma pressão pra você fazer o xixi logo. Eu, por exemplo, odeio ir ao banheiro juntamente com amigas; o meu xixi, então, odeia bem mais que eu, já que ele se recusa a sair nessas horas. E as amigas ficam "quer que eu ligue a torneira pra você? Podemos esperar lá fora, que tal?".

Não adianta. Eu sei que tem gente fora do banheiro, pensando: "Gente, esta menina precisa demorar todo este tempo pra fazer xixi?". E quando ligam a água da torneira, eu sinto aquela culpa pentelha do desperdício de água: não é justo gastar água à toa por culpa de um xixi temperamental. Na casa dos outros, eu também levo um tempo. Com o passar dos anos, eu desenvolvi um mantra que repito mentalmente de olhos fechados: "Sai xixi, sai xixi, sai xixi…". É ridículo porque depois de repeti-lo por um tempo, você acaba falando tudo errado e nessa distraída é que ele sai. Vocês vão testar o meu mantra? Depois me contem.

Outra "piada de mau gosto" do corpo humano é o soluço. Tem coisa mais chata que soluço? Espirrar e bocejar são atos sempre gostosos; fazer xixi, então, nem se fala, mas o soluço é uma sacanagem diferente, porque você não quer soluçar, é ruim, e fora que ele te faz muito de idiota. Pra mim, todas essas teorias de dar susto, e beber água de ponta-cabeça são teorias furadas – tipo um passatempo –, enquanto ele fica ali, até a hora que ele quiser.

E o que me deixa mais "P" da vida é quando você acha que ele já passou, você volta a respirar normal, relaxada, e do nada ele te corta no meio da frase, barulhento. Nada a ver… Eu me lembro de uma vez na escola, quando fui beber água de ponta cabeça pro soluço passar, eu engasguei e saiu água pelo meu nariz. Quase mudei de escola com tanta vergonha. Sei lá por que eu conto essas coisas aqui…

Férias forçadas

Sempre me encheram o saco porque eu nunca viajo nos finais de semana, porque eu sempre fico em São Paulo, mas eu gosto da minha casa, das minhas coisas, da minha rotina: "Você não fica estressada por não sair daqui? Não sente que precisa ir pra praia, ver o mar?". Mas eu realmente gosto da minha casa, das minhas coisas, da minha rotina. Eu escuto isso todo o final de semana, ou feriado, e sabe que eu chego mesmo a pensar: "Será que eu não preciso sair um pouco de São Paulo? Sei lá, andar na praia, ver o mar, mesmo gostando tanto assim da minha casa, das minhas coisas, e da minha rotina?".

Até que me convenci. Entrei na internet, e procurei pacotes de viagens. Dez dias nunca, nem pensar. Uma semana não me mataria, mas para eu não me matar, escolhi o pacote de quatro dias. Na companhia do meu cachorro, e dos meus pais, lá fui eu de mala, computador, ipod e cuia para Bahia. Qual é o problema em levar um pouco de São Paulo com você, não é mesmo? O que tem de errado em dar uma espiada nas notícias da internet, atualizar os meus blogs, ler o horóscopo online, essas coisas...

Avião é sempre um trampo, e eu fico pensando, e achando muito absurdo ser esse o melhor jeito de chegar até a Bahia. A gente paga caro, e senta colado no cara da frente, no cara ao lado, no cara de trás, e quando você dá a sorte de sentar na janela, ela não é perto o suficiente pra apoiar a cabeça e dormir! Muito ridículo. E quem disse que barra de cereal é alimento? Cadê o amendoim? Mil vezes o amendoim!

A recepção do hotel era bem bonita: poltronas estofadas com estampas florais, teto de madeira, muitos coqueiros. Foi servido um drink com uma fruta da região, de nome estranho e forma jamais vista. Eu não tenho nada contra a Daniela Mercury, mas era ela que berrava de fundo, numa música MPB transformada em drum& bass.

Eu cheguei de calça jeans, camiseta e tênis. Mesmo querendo trocar de roupa e me atirar no mar, fui obrigada a fazer o tour pelo hotel, onde um habitante local – assim, bem sem pressa – mostra o SPA, a academia, o restaurante, para um grupo de pessoas que chegaram com você. Agora alguém, por favor, me explique, por que as pessoas têm essa mania de enturmar? Nada contra ser simpático, mas precisa ficar amigo?

Um casal mala de Curitiba já veio perguntar o nome do cachorro, de qual bairro de São Paulo eu sou, e que o filho dela, o Renato, é piloto, mas agora ela já se acostumou com a ideia. E logo outro casal com um bebê de colo se juntou no papo, e toda aquela pentelhação do "faz carinho no au au!". Todo casal com bebê começa do nada a contar do bebê mesmo sem você perguntar: "O nome dele é Jorge, tem oito meses, adora cachorro, acho que vai ser veterinário!". E eu só pensando: "E daí que o Jorge de oito meses gosta de cachorro? Eu tenho 29 anos e também gosto, grande coisa".

Fugi pro quarto e, no desespero, bolei um plano que consistia em horários alternativos, boné e óculos escuros. Fui driblando hóspedes com muita estratégia. Acordava bem cedo pra tomar café da manhã sozinha, depois uma bela andada na praia. Na sequência, me camuflava na piscina; o fim de tarde, reservei para os meus textos, emails, um pouco de TV. Mas quem disse que a internet do meu quarto funcionava?

Aparentemente a parte mais moderna do hotel é o drum & bass cantado pela Daniela Mercury, e é por isso que neste exato momento, me encontro sentada na poltrona floral da recepção, que, por ser ao ar livre, não tem ar condicionado, mas é incrivelmente o único local do hotel em que a internet funciona. Ao meu lado, o Jorge de oito meses provou cupuaçu e adorou.

Espero que vocês gostem deste texto, pois para postá-lo, atingi o nível nove do meu mau humor. E depois me perguntam por que eu não saio de São Paulo.

PS: o meu bigode tá suado.

No cabeleireiro

Acordei feia, sobrancelha torta, cabelo sem corte, unha roída, ou seja, uma simples mortal que viveu alguns dias sem um trato básico. Liguei pro cabeleireiro... Eu já comentei que eu odeio ir ao cabeleireiro? Pois é, vamos chegar nessa parte.

- Studio qualquernomequepareçachique, Andreia, Boa tarde.

- Oi, Andreia, aqui é a Camila; eu queria marcar cabelo com o Rodrigo, sobrancelha com o David, e mão com quem tiver por aí. Pode ser hoje depois das cinco? Por favor.

- Olha, Camila, o David está fora maquiando a Aline Moraes para uma capa de revista...

Ok, você perguntou se o David está maquiando alguém para uma capa de revista? Eu também não. Já me irritou aí. No cabeleireiro todo mundo é mais importante que você, inclusive o David que está maquiando para uma capa de revista.

- Ah, tá bom. Quem pode tirar minha sobrancelha então?

- O Adriano tá livre, ele é incrível, faz a Luciana Gimenez direto.

Alguém tem alguma dúvida que na bancada do Adriano vai ter uma revista com a Luciana Gimenez na capa, e ele vai me dizer "Ai, a Lu veio aqui semana passada, tava super corrida, mas eu dei um jeito nela..." E eu vou ter de responder: "Gato, quem deu um jeito nela foi o Mick Jagger, tá legal? Menos, Adriano, menos.".

E é aí que você chega, diz o seu nome, e agora eles te dão um crachá. Juro que eu tenho vontade de escrever o meu nome, prender na blusa, e ir de cadeira em cadeira me apresentando: "Oi, eu sou a Camila, publicitária, 29 anos, gosto de música e literatura". Eu sempre tenho vontade de virar louca em lugares chatos, mas acabei pegando uma revista com uma gostosa na capa, e uma matéria sobre como enlouquecer um homem na cama, afinal de contas, fora da cama a gente já sabe, né?

Um tempo depois veio a assistente me oferecer água, café, ou cappuccino. Já reparou como elas gostam de dizer que tem cappuccino? Como se ele fosse a carta na manga. O que um pouco de chocolate em pó com canela pode fazer... Pedi o cappuccino, mas foi só pedir que já me arrastaram pro lavatório.

O lavatório nada mais é que uma cadeira de tortura. Acredito eu que, na época da escravidão, as negras rebeldes eram submetidas ao lavatório, e tinham seus cabelos afros desembaraçados por assistentes afetadas que contam para as outras assistentes alguma história chata do namorado da vez. Isso sim é tortura. Não existe nenhum lavatório confortável, e, sim, eu já fui ao W (cabeleireiro chique de São Paulo). Sem contar que todo lavatório fede tinta com shampoo e química de permanente, e eu tenho desespero de ficar com a cabeça tão para trás.

E então ela começa com o ritual, sim, porque não é nada simples lavar o cabelo no cabeleireiro; eles precisam justificar o preço ridículo que cobram pela lavagem. A mulher fica dez horas lavando o seu cabelo – e ela passa shampoo duas vezes! E eu lá, achando difícil respirar naquela posição, engolir naquela posição: "Estou fazendo muita pressão? A temperatura da água está agradável?".

Depois ela passa o condicionador e fica massageando pra você relaxar. Mas quem relaxa de verdade daquele jeito? O meu pescoço dói, sempre escorre uma água que molha as costas da blusa, eu fico prestando atenção pra não respirar e engolir ao mesmo tempo... E, bem no meio da massagem, chega a moça pra fazer a minha unha. São quatro mãos mexendo em mim, e eu me dou conta de que aquilo é a perfeita suruba de uma perua.

Etapa corte. É impossível você chegar para cortar o cabelo e simplesmente cortar o cabelo. Não, não dá. Sentada na poltrona do cabeleireiro você descobre o horror de pessoa que você é: "Amore, vamos hidratar também, né? Tá beeeem ressecado. Vou aproveitar e passar um tonalizante pra ver se tiro este tom pálido do seu rosto, mas antes vou abrir um pouco com umas luzes só na franja. Vamos ver se melhora...". E o medo de dizer que não vai fazer o que ele mandou, e aí ele faz um corte que você demora dois meses para aprender a arrumar?

Terminado o corte, a tintura, e a hidratação, vem a hora das dicas de compras. Sim, porque além de pálida, você também não sabe comprar shampoo. E é obvio que o shampoo faz mais efeito combinado com o condicionador, e "olinho" da mesma marca.

No final de tudo isso, você ganha dois beijos, uma conta imensa, e, em alguns meses, tudo isso outra vez.

Próxima encarnação, homem, por favor.

Pernilongo

Eram duas da manhã de uma quarta-feira e eu passava repelente feito doida, no banheiro do meu quarto, enquanto o meu cachorro, caindo de sono, me observava soltando um espirro ou outro. Num local pequeno e fechado, é o mesmo que beber ou inalar repelente. Talvez isso faça parte do processo, não sei. Confesso que é bem estranho usar repelente em São Paulo, mas é menos incômodo do que na praia, já que você não está lotada de pós-sol ou protetor. Nunca pensei que precisaria de tela nas janelas, morando em um andar tão alto.

Pois é, agora os pernilongos voam até o décimo quarto andar numa boa... Já repararam como eles estão maiores e mais pretos? Deve ser a água do rio Pinheiros, porque, se você sobrevive e ainda procria em meio a essa "natureza", não descarto a hipótese de mutação genética por intoxicação pela água, afinal, são anos e anos bebendo essa sopa de lixo. Alguma coisa tinha de acontecer. E o mais engraçado é que a gente não se torna mais resistente à picada conforme o tempo. Eu sempre fico com calombos absurdos.

Por mim, se ele quer picar, beleza. Tenho dezenas de pomadas e remédios de alergia. Agora, o que me irrita mesmo é o zumbido. Tem de fazer barulho? Eu fico aqui pensando: é inseticida com citronela, que não mata as plantas, que não agride os animais, para ambientes com crianças... Não dá pra inventar um que tire o barulho do bicho? Pernilongo mudo ainda é mala, mas pelo menos você consegue dormir a noite inteira, e se vira com a coceira no dia seguinte.

Eu acho que ainda há tanta coisa para ser inventada: imagine um spray pra grudar as asas do inseto e ele cair duro no chão, só pra gente pisar com a pontinha do pé e dar aquela viradinha pra esmagar, sabe? Ou então um que mude a cor do mosquito, tipo ele vira Pink! Bem mais fácil matar um bicho rosa, voando no seu quarto, diz aí? Esses cientistas se preocupam com cheiros agradáveis nos sprays, com fórmulas que não agridam a nossa pele, e tal, mas eles não entendem que o nosso bem-estar está em exterminar os insetos de maneira cruel e definitiva.

Matar pernilongo é uma das coisas mais prazerosas da vida, duvido que alguém discorde. Ele aparece voando, meio desengonçado, e some em questão de segundos, mas você fica lá, com as mãos na iminência de um aplauso, olhos arregalados, boca aberta até que, POW! Às vezes é na parede, outras vezes na própria mão; e sempre vem aquele nojo para lavá-las depressa. O problema de matá-lo na parede é que fica aquele cadáver grudado, que – não sei como – a empregada nunca vê, e – num processo bizarro – eu me ponho a contar quantos dias ela demora para limpá-lo.

Agora, o cara que inventou aquela raquetinha elétrica que frita os mosquitos é o maior gênio da face da terra! Porque você não mata simplesmente, você explode, e, quanto maior o bicho, maior o estouro. Chega a sair faísca, é delicioso! Simplesmente esmagar na parede não parece ser o bastante; você quer violência, e de preferência, sem o inconveniente da parede suja. A raquetinha é divertida, funcional e sádica, tudo em um produto só!

Eu tenho uma amiga que deu uma dessas raquetinhas de presente para o namorado. Tirando o presente videogame, eu nunca tinha visto um homem tão feliz!

Sabe quanto ela gastou? Vinte reais. Tô esperando a próxima data comemorativa para fazer o mesmo aqui em casa, mas eu vou comprar logo duas porque aí é quase um videogame: dá pra fazer campeonato de quem mata mais. Divertido, vai...

Realizando

Era fim de tarde, eu estragava o meu apetite com miojo cru, enquanto encarava a gaveta das blusas e argumentava em voz alta: "Posso levar um casaco, não sei se gosto de sair de manga comprida, e verde não é a minha cor. Será que ele vai?". Telefone tocando.
- Alô.
- Camila? É a Realidade, como é que você vai?
- Oi, quanto tempo, tô bem sim, e você?
- Tudo ótimo também. Tá ocupada?
- Não, não. Tava aqui fantasiando um pouco, e você?
- Tô ligando pra saber quanto tempo vai demorar pra cair a ficha desta vez.
- Como assim?
- Gata, não sei quanto tempo você passou de papo com o Entusiasmo, mas já tá na hora de cair na real...
- Acha mesmo?
- Desculpa, mas esse é o meu papel, e antes que fique ridículo, tenho de avisar pra você desencanar.
- Então ele não vai me ligar?
- Não.
- E se eu for naquela festa do amigo dele?
- A ilusão tá aí?
- Tá, ta lá na cozinha fazendo um miojo pra gente.
- Ai meu Deus... Quem mais tá aí?
- A noia. Passou aqui pra me dar um oi, mas depois que começou a arrumar meu armário por tons, não conseguiu ir embora.
- Gata, manda a noia embora, e encara a ilusão de frente...
- Sei...
- Ele não vai te ligar, não foi desta vez, ok? Alô, você tá me ouvindo??
- Pera... eu já falei, não, não, fala você...
- Camila? Com quem você tá falando? Põe a ilusão na linha agora!
- Oi, desculpa, ela não quer falar com você, disse que você sempre estraga tudo...
- Ah é?! Então avisa que eu tô indo para aí levando a desilusão, e uma lata de leite condensado. Pra ela me atender agora!
- Alô. Olha, Realidade, na boa, nem tô com saco de discutir. Eu sei que a gente não se dá bem e tal, mas o cara gostou dela, que eu sei!

- Ilusão do céu!!! O cara sumiu. Para de ser assim: é pior pra ela! Cadê a Camila?
- No quarto com a noia. Já fiz o jantar das duas e como não quero briga com você, tô indo pra casa...
- Deixa eu falar com a noia.
- Não dá.
- Como assim, não dá?
- Ela não fala mais pelo celular, parece que dá câncer, sei lá... Você sabe como a noia é.
- Sei, e a Camila?
- Pera.
- Oi, fala, é a Camila.
- E aí, tá melhor?
- Tô sim, nem precisa vir, já liguei pro bode e pra depressão, a gente vai ficar aqui em casa vendo Pretty Woman...
- Ok, de todo jeito tenta conversar com a solidão mais tarde.
- Tá, ela deve vir junto com a insônia... Deixa eu desligar, a noia tá achando que a gente tá falando dela.

No dentista

Eu, você, a sua mãe, a minha avó, o cara do sétimo andar, a vendedora da loja de cosméticos, o engraxate da esquina, até a sua faxineira crente chamada Glória... todos mentem. Todo mundo mente. Mente por bem, por mal, de propósito, sem querer, por costume, a troco de nada. A gente vive mentindo, inclusive pra gente mesmo. O que tem de errado nisso? Nada. Apenas percebo que às vezes é mais complicado mentir que dizer a verdade...

- Alô, Camila?
- Oi, eu.
- Aqui é a Lúcia, do consultório do Dr. Carlos. Tudo bem?
- Oi, Lúcia, tudo ótimo, graças a Deus (percebam que começo a mentir que sou legal e religiosa).
- Então, Camila, você não aparece desde março. Estou ligando para agendarmos um retorno.
- Ah, sim... claro, o retorno. Viu, Lúcia... (tudo que começa com "viu", vem seguido de um absurdo), tô superenrolada esta semana com um curso de Excel avançado. Posso te ligar semana que vem? (reparem que eu tento fazer com que fique combinado que eu retornarei, mas ela é experiente no assunto).
- Semana que vem... hummm, temos horário quarta ou sexta.
- É... quarta não dá, é meu rodízio, e tenho análise e drenagem no fim do dia (eu nunca fiz drenagem).
- E sexta?
- Sexta eu viajo à tarde e pela manhã tenho uma reunião com a contadora.
- Ok, vamos pra outra semana então... Lá pro dia 12 como é que está?

É vergonhoso, é infantil, mas a pessoa pra quem eu mais minto no mundo é o meu próprio dentista. Gente, eu nunca tive cárie, já tirei todos aqueles dentes aberrações que não servem pra nada, não tenho o menor medo de dentista. Eu simplesmente não tenho saco de ir até lá e ficar com a boca aberta por 30 minutos, sentindo o cantinho da boca ressecar, e escutar a noia absurda que o cara tem com fio dental. Como assim, passar fio dental três vezes por dia? Como ele pede isso pra alguém que faz natação, pilates, cerâmica e Francês, sim, estou mentindo de novo!

E tudo bem eu não atendê-lo no celular; ele liga pra minha casa e deixa recado com a Sandra, liga pro escritório e deixa recado com o estagiário, liga pra casa dos meus pais e deixa recado com a minha mãe. Alguém se lembra do comercial do "não esqueça a minha Calói"? Eu tenho post it do Dr. Carlos por toda parte!

Mais cedo ou mais tarde, ele me vence pelo cansaço, e lá estou eu na salinha de espera, sentada na poltrona listrada que combina com o tapete listrado, dando uma espiada na Caras, curtindo Alpha FM, e repassando todas as mentiras. Quem morreu, como foi, onde é o curso, quanto custa a viagem, como foi a retirada das pintas, a batida do carro, a aula de Kabbalah... Estressante.

Até que, quando eu acho que foi tudo bem, ele me diz a tal frase temida: "A sua mãe vem aqui amanhã". A sua mãe é o tipo de pessoa que pode pôr tudo a perder; ela é aquela que diz sem pensar: "A Camila nunca foi pra Ribeirão. Que aula de pilates?". A minha Camila, tirando pintas?". Não teve jeito, tive de ligar...

- Alô, mãe?
- Oi, Mimo.
- O Dr. Carlos falou que você vai lá amanhã.
- Vou sim.
- Então, mãe, andei mentindo...
- Ai filha, de novo?! Você sabe que eu me confundo toda!
- Mãe, presta atenção, não é tão difícil assim... A gente fez um curso de Kabbalah em casa, com uma professora que se mudou pra Israel, morreu um tio do papai do coração mês passado, e a professora de Francês não é boa, pergunta se ele não tem alguma outra pra indicar...
- Só isso?
- Ah, eu fiz um cinzeiro pra você na aula de cerâmica, lindo!
- Camila, não é mais fácil ir ao dentista?
- Não, mãe. Eu sou ocupada demais, eu passo fio dental todos os dias.
- Ai que mentira!

Os trinta

Ter trinta anos, ou quase trinta, como é o meu caso, é uma coisa engraçada. Você ainda é jovem, mas você (ou eu, pelo menos) não tem mais tanto saco para aturar algo que não seja completamente a sua praia. Explico. Aos 22 anos, fui fazer um Rally dos sertões com um namorado da época. Foram 15 dias dormindo em pousadas e acampamentos, fazendo xixi no chão, tomando banho no rio, e comendo quando tinha comida.

Pra quem não me conhece direito, eu não tenho assim, digamos, um espírito aventureiro. Não tomo sol, não dirijo bem e nem gosto de dirigir, não faço número dois fora de casa, sou alérgica a quase tudo, inclusive à picada de insetos e alguns tipos de pólen, e posso matar um ser humano de 120 quilos com o mau humor que fico quando passo fome. Quer dizer, a viagem foi um sucesso, né?!?! O namoro só durou o tempo que durou, porque, aos 22 anos, você ainda se convence de que curte certas coisas. É por isso que, dos 20 aos 30, a gente passa por tantas fases. Tem aquela fase em que você se convence de que gosta de rave, e toca pegar estrada e ficar amassando barro até às 9h da manhã. Depois, você curte praia e compra até uma prancha de surfe. Só que, passado o primeiro caldo, que tal o pessoal da maratona? Até que perceba realmente qual é a sua, você fica transitando entre várias ondas, e o relacionamento é um dos grandes influenciadores disso.

Se eu conhecesse, hoje, um cara que curte fazer Rally dos sertões durante as férias, provavelmente eu não encararia nem um jantar com ele; mas, aos 22, eu achava que me conhecia bem, e que eu jamais terminaria o Rally chorando no banho frio, porque, com tanta picada e sol escaldante, esse era o banho ideal, ainda que fosse a minha única opção. Quando a gente é mais nova, a gente namora porque estuda na mesma escola, ou mora no mesmo prédio, mas, quando a gente tem uns trinta, a coisa complica.

Mas e aí? Aí é que, assim como você, toda a sua turma de infância também cresce, o ex-namorado do Rally some, você encontra um que não toma sol e odeia dirigir, e o seu círculo de amizades vai fechando, fechando. Tem gente que continua num esquema parecido com o seu; geralmente os melhores amigos sobrevivem, mas muita gente se perde pelo caminho, e, quando encontramos sem querer no corredor do supermercado é: "E aí, tem visto o Fê? Vamos marcar um almoço com o pessoal!".

É triste, confesso, as coisas mudam, as pessoas mudam, e a culpa não é sua. Alguém que dormia na sua casa, que tomou o primeiro porre com você, que estava na mesma festa quando você deu o primeiro beijo, pra quem você contou como foi a primeira transa, hoje em dia talvez seja o último a saber que você vai se casar, ou que você está grávida. Estranho, né? Um dia vocês eram amigos, e de repente, ele vende imóveis no Itaim, e você tem um salão de beleza no Morumbi. Você não se interessa por um dois dormitórios com lavabo e garagem, e ele não sabe o que é uma escova progressiva.

Acabou.

Só sei que, quanto mais o tempo passa, mais eu sinto falta de ter uma turma enorme de novo; ao mesmo tempo, quanto mais velha eu fico, e mais em turma eu fico, mais essa vontade passa. Vai entender...

Diálogo do dia - mãe

- Oi, filha, a mamãe tá ligando pra te desejar um feliz dia internacional da mulher, porque você é uma mulher muito especial!

- Oi, mãe, mas é hoje?

- É sim, filha, ouvi no rádio...

- Tem certeza, mãe? Acho que é dia de Iemanjá...

- É?

- É, mãe, o dia internacional da mulher é em março...

- Ah, tá, então feliz dia de Iemanjá! Preciso me desculpar com as minhas amigas porque mandei e-mail pra todas hahahaha, mas adoro Iemanjá, um beijo, filha.

- Beijo mãe...

A gente quer roupa

Eu sei que vocês homens ficam muito atrapalhados na hora de comprar presentes em datas comemorativas, principalmente no dia dos namorados em que rola aquela obrigação do romantismo. E eu sei disso porque já ganhei um urso de pelúcia daqueles gigantes, quase em tamanho real, aos 24 anos. Foi aí que eu vi que a coisa tava séria para o lado de vocês, e não foi só pela minha rinite, mas o cara errou por uns 15 anos mais ou menos.

Entendam: qualquer coisa que vocês derem, a gente vai perder o maior tempo do mundo decifrando o significado, ou seja, um porta-retratos nunca é só um porta retratos, ele é um sinal de que você já enxerga um namoro sério, que merece ser impresso em papel fotográfico e exposto na sala. E é claro que temos uma melhor amiga sempre junto pra confirmar nossas teorias, por isso, muito cuidado ao comprar uma joia; se vier um anel, a gente já começa a escolher a fitinha do bem casado, tá?

Eu nunca vou me esquecer de quando eu dei um relógio de presente e ganhei um livro. Não tinha muito o que interpretar, tava na cara que a minha expectativa do namoro era um pouco maior que a do cara, o que resultou no término da relação, e, não, não fui eu que terminei brava por ter ganho um livro, eu até adoro livros, mas foi ele que terminou com medo de ganhar um pônei na próxima data.

Acho muito fofo quem leva a namorada pra jantar nas datas especiais. Sair para jantar é mesmo uma delícia, mas cuidado com o local; a gente já perde duas horas se arrumando, perder mais duas horas numa fila de espera pode causar problemas; qualquer pessoa com fome perde a ternura, e nada de cozinhar em casa e achar que porque fez um risoto, e espalhou pétalas pela casa já vale como presente. A gente gosta de mostrar para as amigas o que ganhou, combinado?

Muito cuidado com o item "coisas para a casa". Se a gente não ficou dizendo mais de vinte vezes que amou o vaso de cristal da loja tal, é melhor você se não arriscar e sair comprando vasos por aí; nenhuma mulher consegue aturar um vaso de que não gostou na estante de casa; a gente vai sumir com ele em alguns dias, talvez com uma queda "acidental" na hora da limpeza. Os presentes de uso comunitário como videogame e bicicleta são facilmente identificados e causam revolta. E nunca, em hipótese alguma, dê dinheiro: essa tarefa é única e exclusiva dos nossos parentes.

Depois de muito pensar e analisar todos os tipos de presentes – como uma amiga e conselheira da ala masculina –, aqui vai a minha dica: "A gente gosta mesmo é de roupa".

Sim, simples assim, roupa nunca é demais. Repare na loja que a gente mais vai, e, caso você não acerte tanto no modelo, pelo menos a loja você garantiu, aí a gente inventa que não serviu direito, e troca por outra coisa.

É... Eu sei que os nossos armários são absurdamente cheios de tudo, mas quando vocês ouvirem "Eu não tenho roupa!", porque a gente diz isso sempre e há anos, vocês podem dizer "Põe aquele vestido que eu te dei, você fica linda nele!" e pronto, ganhou a noite. É de pirar mesmo, mas mulher é louca por roupa. Roupa não tem erro!

SÓ UM CORRETIVO

Gente, vamos lá, eu não tô querendo mudar o mundo, nem nada do tipo. Simplesmente reparo em alguns deslizes naturais, e por que não comentá-los por aqui?

A gente vai crescendo, aprendendo com os próprios erros, e, se eu posso dar um toque simples, que mudará a vida de umas pessoas, assim como alguém já fez por mim, decido agora que não me calo mais, e distribuo o meu conselho, ou conselhos, para quem tiver saco de ler.

Nada é grave, absurdo, ou de extrema importância, aliás, os meus temas nos textos sempre foram cotidianos, e não pretendo mudar meu enfoque com causas nobres e mais importantes. Já existe gente demais no mundo pra isso. Escolho o banal, até porque sempre trabalhei bem com o tema, e em time que tá ganhando a gente não mexe, certo?

Sabe, uma das coisas que me faria muito feliz nos dias de hoje é a questão da maquiagem certa. Eu não sou nenhuma expert no assunto, mas acho que, se você olhar as suas fotos em sites de relacionamento, ou em arquivos de computador, por exemplo, e constatar que na maioria das fotos você tem uma mancha branca embaixo dos seus olhos, isso significa que você está usando o corretivo errado. E se você reparar isso nas fotos de outubro do ano passado significa que você está usando o corretivo errado faz quase oito meses!

Eu sei, eu sei. Superdifícil achar o tom certo, qualquer maquiador diz isso, mas juro que eu acho melhor não passar nada... Porque se você está com olheira, e olheira é uma coisa que quase todo mundo tem, a gente vai olhar pra foto e quem sabe até reparar: "Nossa, ela tem olheira". Mas, se você está com aquela mancha branca, é muito pior, porque a gente vai dizer: "Nossa, olha essa puta olheira embaixo deste corretivo errado!". Sacou?

Outro ponto difícil de fingir que não irrita é o tal do pó bronzeador. Hit das adolescentes; o mais temido de todos é conhecido como terracota. Sim, eu já tive 16 e já fui adepta dele, até o dia em que um amigo olhou pra mim e disse: "Por que você passa isso na sua cara?". Eu respondi: "Pra ficar mais queimada". "Então toma sol, porque parece que você tá suja". É... O Kiko foi sincero e mudou a minha vida.

Gente, por que essa obsessão pelo bronzeado? Ninguém fica daquela cor, nem quando toma sol! De novo eu insisto: "Olhem para as suas próprias fotos e reparem como fica ridículo, por favor. Tem menina que parece estar com a cara suja mesmo!". E menina que passa o blush rosa na cara inteira?

Olha... pelota de rímel, lápis borrado, batom seco nos lábios, eu até engulo e entendo que são coisas que acontecem sem a gente querer, mas sei lá, acho que todo mundo podia prestar atenção no corretivo e no pó. Tudo bem ter um pouco de olheira – é humano – e tudo bem ser mais branquinha.

Tem uma porção de cursos de maquiagem por aí. Eu não fiz nenhum: ainda não tenho dinheiro suficiente pra gastar com isso, e opto por gastar com o analista, já que, se um corretivo errado me irrita ao ponto de escrever um texto, acredito que um analista seja mais indicado para o meu caso do que um maquiador...

O fantasma brother

Tem um programa no Discovery Chanel chamado Assombrações. Acho que o nome já explica bastante coisa. Quando você está com quase 28 anos, você, num momento maduro, acha que essas coisas são só essas coisas, e que tudo bem ver o que pode acontecer com o Mike que sentiu um cheiro de fumaça vindo do porão bem no meio da madrugada, e que tudo certo a casa dele ser na floresta, e, poxa, mais legal ainda que a história é real e, por todos esses motivos, você decide ver um pouco do programa, que mal pode fazer, não é mesmo?

Do nada, passa um vulto bem perto do Mike, e vocês dois gritam, e você preferia ser a sua tia-avó, Adélia, feia e fora de peso pelo resto da sua vida, do que passar pela experiência do pobre Mike, mas é claro, agora que você já começou a ver, não tem como parar no meio, afinal, você precisa muito saber quem é o fantasma do porão, e de onde vem o cheiro de fumaça.

Cobrindo parte do rosto com a mão, vendo com apenas um olho, como se isso adiantasse alguma coisa, eu assisti o Mike passar poucas e boas na mão dos fantasmas. Eles acendiam as luzes da casa, batiam portas, quebravam pratos, arrastavam cadeiras, uma loucura. O mais ridículo é que, depois de ver um programa desses, a gente apresenta os seguintes sintomas: os ouvidos funcionam mais que o normal, a sombra do vaso de plantas na parede da sala vira facilmente a silhueta de alguém segurando uma faca; o banheiro se torna um lugar distante e sombrio; a cozinha, um território jamais explorado, e qualquer espelho pode refletir bem mais do que você espera ver.

Depois dessa noite relaxante de sono, eu me peguei pensando... Será que não existe nenhum fantasma gente fina? Tem de ficar causando? Batendo porta, puxando o pé, piscando luz...? Não tem nenhum que lave uma louça pra você? Juro que eu ia assustar do mesmo jeito ao ver a pia limpa do nada. Pelo menos ele fez alguma coisa de útil. Imagina só, você vendo TV na sala, e começa a ouvir um barulho estranho na cozinha, e quando você vai checar o que era, tem um café prontinho pra você! Você vai exorcizar alguém depois disso? Claro que não. Eu pelo menos dividiria a caixa de cookies.

Dizem que eles estão pedindo ajuda quando se comunicam com a gente, mas se eles conseguem abrir um armário e quebrar pratos, não rola escrever um bilhete? Esse negócio de ficar piscando luz é meio infantil, não é não? Ok, não achou a luz até agora e tá preso deste lado de cá, pô, vamos jogar uma tranca! Quer jeito melhor de passar o tempo? Na hora de "pegar o morto", a gente faz uma piadinha sem graça... Muito mais saudável.

Quero deixar claro pra qualquer fantasma que não estou pedindo que entre em contato comigo, mas se realmente for o caso, talvez funcione mais sem quebrar as minhas coisas, ou aparecer atrás de mim no reflexo do espelho. Fica aí a minha dica.

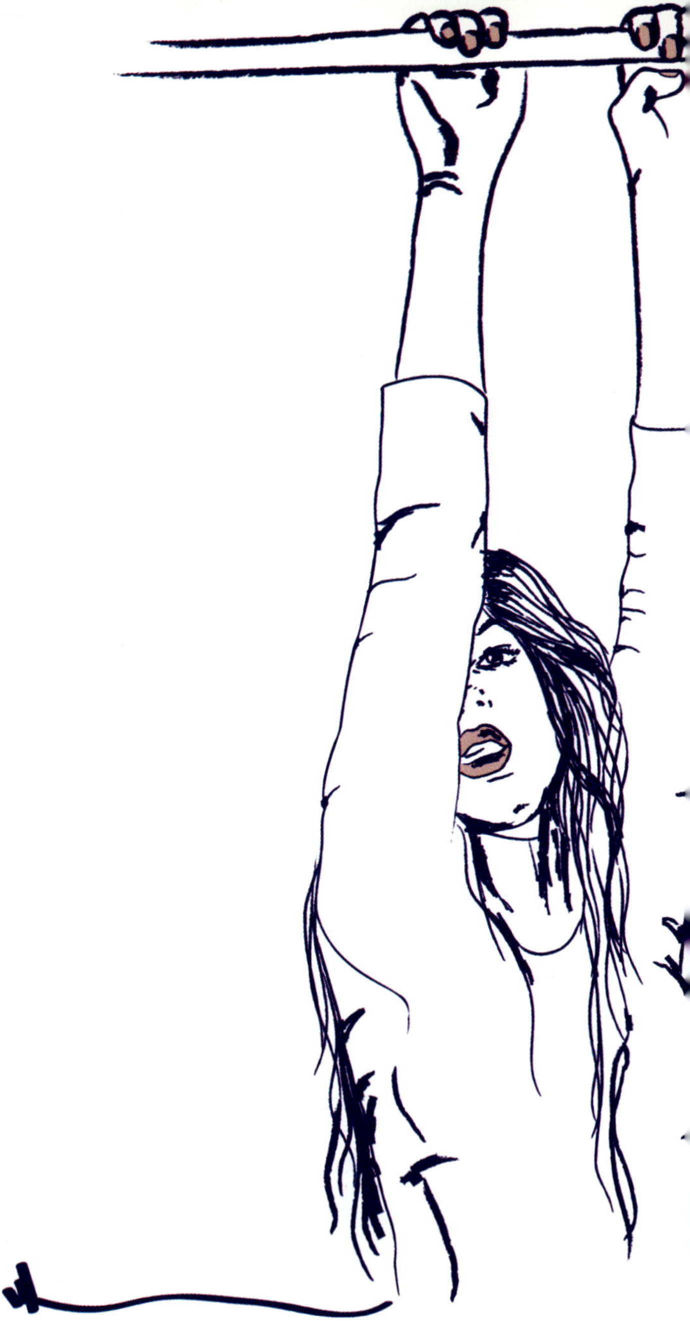

Alguns tweets...

Com 19 é: vc tem convite sobrando? Com 29, vc tem convite sobrando....

"Top Models do SPFW indicam os seus restaurantes favoritos". Na próxima pauta, os gordinhos indicarão suas academias?

Cheguei ao ápice da pobreza: prendi meu cabelo com o arame de pão. Brigada. O coque e a aspirina andam jutos.

No UOL - "a trajetória do cabelo de Nicolas Cage". Vou fazer uma pipoca

Não existe fim de novela sem um bebê sujo de placenta...

"Criminoso invade casa, fica bêbado e pede ajuda à polícia para sair". Bêbado é uma merda..

"No Japão, avô e neto aproveitam banho térmico dentro de uma abóbora". Tá aí uma coisa que eu nunca fiz com o meu avô...

Tomate, Pezão, Pingo, Zeu, Lambari e Sandra Sapatão. Quem não ama apelido de traficante?

Hoje é sexta, mas isso não te impede de encontrar gente de quinta.

"Mesária é presa por embriaguez". Super entendo a mesária....

hj eu saí toda humilde atrás de uma caixinha de costura, mas voltei com 6 alcachofras e um creme pro cabelo...

"Caiu o meu sistema" é o novo "o cachorro comeu minha lição"

"Recebo um e-mail dizendo que eu ganhei 1h de paintball + 200 bolinhas... Não sei mais quem sou.»

"No meu próximo aniversário nada de saúde, paz, e amor, me desejem colágeno. O resto eu corro atrás, ok"?

E gente que fala "Vamos com tudo!"? Eu imagino a pessoa levando vários casacos, o cachorro, computador, saboneteira, livros...

FICHA CATALOGRÁFICA - CAMILA FREMDER

F939p	Fremder, Camila. Parece filme, mas é vida mesmo... / Camila Fremder. -- São Paulo : Prólogo Selo Editorial, 2011. 72 p. ISBN 978-85-99349-46-5 1. Blog. I. Fernanda Carvalho, Renata Nascimento (Editor.). II. Isabela Frugiuele (ilustradora.). III. Marcos Duarte (Diagramação.). IV. Malu Zoega, Semiramis Oliveira (Revisão de texto). CDU - 004

www.prologoseloeditorial.com.br

Impressão e Acabamento
Bartira
Gráfica
(011) 4393-2911